edition suhrkamp

Redaktion: Günther Busch

AF203124

Max Frisch, geboren am 15. Mai 1911 in Zürich, starb am 4. April 1991. Die erste Prosa-Skizze zu dem Stück *Graf Öderland* entstand 1946. Die erste Bühnenfassung wurde 1951 in Zürich, die zweite 1956 in Frankfurt uraufgeführt. Der hier vorliegende und zum erstenmal in einer Einzelausgabe veröffentlichte Text entstand im Februar 1961 und ist als die endgültige Fassung zu betrachten. Sie wurde 1961 am Schiller-Theater Berlin erstaufgeführt.

Graf Öderland, das ist die Moritat von einem Staatsanwalt, der sich am Vorabend eines Mordprozesses entschließt, aus der fragwürdigen Mechanik, der Mechanik des gewohnten Lebens auszubrechen. Als Graf Öderland zieht er mit seiner Axt durchs Land, Revolutionär und Ankläger zugleich, der zum Schuldigen wird und doch im höheren Sinn Ankläger einer verrückten Welt bleibt.

»*Graf Öderland* geht die Welt an, er ist eine Gestalt der Apokalypse.« *Friedrich Dürrenmatt*

Im Suhrkamp Verlag sind 1976 die *Gesammelten Werke in zeitlicher Folge* erschienen.

Max Frisch
Graf Öderland
Eine Moritat in zwölf Bildern

Suhrkamp Verlag

26. Ausgabe 2025

Erste Auflage 1963
edition suhrkamp 32
Copyright 1951 by Suhrkamp Verlag, Frankfurt am Main. Endgültige Fassung © 1961 Suhrkamp Verlag Frankfurt am Main. Unser Text folgt der Ausgabe *Max Frisch, Stücke Band 1*, Suhrkamp Verlag 1962. Alle Rechte vorbehalten, insbesondere da der Übersetzung, des öffentlichen Vortrags sowie der Übertragung durch Rundfunk und Fernsehen, auch einzelner Abschnitte. Das Recht der Aufführung ist nur vom Suhrkamp Verlag Berlin zu erwerben. Den Bühnen und Vereinen gegenüber als Manuskript gedruckt. Kein Teil des Werkes darf in irgendeiner Form (durch Fotografie, Mikrofilm oder andere Verfahren) ohne schriftliche Genehmigung des Verlages reproduziert oder unter Verwendung elektronischer Systeme verarbeitet, vervielfältigt oder verbreitet werden. Wir behalten uns auch eine Nutzung des Werks für Text und Data Mining im Sinne von § 44b UrhG vor.
Druck: C. H. Beck, Nördlingen
Printed in Germany
Gesamtausstattung von Willy Fleckhaus
ISBN 978-3-518-10032-5

Suhrkamp Verlag GmbH
Torstraße 44, 10119 Berlin
info@suhrkamp.de
www.suhrkamp.de

Graf Öderland

Personen:

Der Staatsanwalt
Elsa, *seine Gattin*
Doktor Hahn
Hilde, Inge, Coco (*die gleiche Darstellerin*)
Der Mörder
Ein Wärter
Der Vater
Die Mutter
Mario, *ein Hellseher*
Die Köhler
Ein Concierge
Ein Gendarm
Der Fahrer
Der Innenminister
Der Kommissar
Der Direktor
Der General
Ein Sträfling
Ein Student
Zwei Kulturträger
Zwei Kellner
Der greise Staatspräsident
Frau Hofmeier

Für Aufführungen kann das Bild 5 gestrichen werden; in diesem Fall wird Bild 6 als Einleitung zu Bild 8 genommen; das Stück besteht dann also nicht aus zwölf, sondern aus zehn Bildern.

Arbeitszimmer in der Villa des Staatsanwalts. Nacht. Auf dem Schreibtisch brennt eine Arbeitslampe. Der Staatsanwalt, ein Herr von fünfzig Jahren, kräftig und groß, steht reglos, Hände in den Hosentaschen, Blick gegen die Wand, die aus lauter Ordnern besteht, aber er blickt nicht auf diese Ordner, sondern ist in Gedanken verloren. Eine Turmuhr schlägt zwei. Später hört man eine Frauenstimme.

STIMME Martin? Martin! . . .
Der Staatsanwalt nimmt keinerlei Notiz davon, bis die Stimme plötzlich aus nächster Nähe tönt: er knipst das Licht aus, so daß die Suchende in ein finsteres Zimmer tritt.
Martin? Martin! . . . Wo ist er nur hingegangen –
Sie schaltet die große Deckenlampe an.
– da bist du ja!
Der Staatsanwalt steht wie zuvor, die Gattin trägt einen Schlafmantel und ist schön, aber verschlafen.
ELSA Ich suche dich im ganzen Haus, wieso gibst du keine Antwort? Ich dachte schon, du bist ausgegangen –
STAATSANWALT Wohin?
ELSA Was ist los?
STAATSANWALT Ich habe mich nur angezogen.
ELSA Mitten in der Nacht?
STAATSANWALT Es scheint so.
ELSA Wieso schläfst du nicht?
STAATSANWALT Wieso schläfst du nicht?
Er nimmt sich eine Zigarre und schneidet sie gelassen.
Es tut mir leid, Elsa, ich habe dich nicht wecken wollen. Was soll schon los sein? Ich habe mich angezogen, um eine Zigarre zu rauchen, wie du siehst. Das ist alles.

Er zündet die Zigarre an.
Ich kann nicht schlafen.

ELSA Du rauchst zuviel.

STAATSANWALT Möglich . . .

ELSA Du arbeitest zuviel.

STAATSANWALT Sicher . . . das tun wir ja alle hierzulande. Bis es einmal reißt. Und dann wundern sie sich, unsere braven Geschworenen, wenn einer zur Axt greift.

Er raucht, dann lacht er.

Dein Doktor Hahn, das finde ich ja besonders witzig: daß der Anwalt, der den armen Kerl verteidigen soll, von seiner Tat am allerwenigsten begreift!

ELSA Ich weiß nicht, wovon du redest.

STAATSANWALT Heute hat er gestanden.

ELSA Wer?

STAATSANWALT Der Mörder.

Er raucht.

Nicht Doktor Hahn, sondern der Mörder . . .

ELSA Was willst du damit sagen?

STAATSANWALT Mord aus Gewinnsucht, Mord aus Rache, Mord aus Eifersucht, Mord aus Rassenwahn, alles geht in Ordnung. Läßt sich erklären, läßt sich verurteilen. Aber ein Mord einfach so? Das ist wie ein Riß in der Mauer. Man kann tapezieren, um den Riß nicht zu sehen. Der Riß bleibt. Man fühlt sich nimmer zuhaus in seinen vier Wänden.

Er raucht.

Das ist alles . . .

ELSA Martin, es ist zwei Uhr.

STAATSANWALT Ich weiß, in acht Stunden stehe ich vor Gericht, um die Anklage zu führen, ich, schwarz und fürchterlich – und auf der Bank sitzt ein Mann, den ich immer besser begreife. Bald besser als mich selbst. Obschon er nichts erklären kann. Ein Mann von siebenunddreißig Jahren, Kassierer bei einer Bank, brav, gewissenhaft zeit seines Lebens, gewissenhaft und bleich, und eines schönen

Abends nimmt er die Axt und erschlägt einen Hauswart, der nichts dafür kann. Warum?

ELSA Warum denn?

Der Staatsanwalt raucht und schweigt.

Du solltest nicht immer an deine Akten denken, Martin. Du machst dich krank. Jede Nacht arbeiten, das verträgt kein Mensch.

STAATSANWALT Nimmt einfach die Axt ...

ELSA Hörst du nicht, was ich sage?

Der Staatsanwalt raucht und schweigt.

Ich sage, es ist zwei Uhr vorbei.

STAATSANWALT Es gibt Stunden, wo ich ihn begreife ...

ELSA Wenn du nicht schlafen kannst, warum nimmst du kein Pulver? Nun gehst du wieder die ganze Nacht hin und her. Was hat das für einen Sinn! Wie ein Gefangener. Was kommt dabei heraus? Am andern Morgen bist du wieder wie gerädert, du bist nicht mehr jung, Martin –

STAATSANWALT Ich bin es nie gewesen.

Er nimmt ein Foto vom Schreibtisch.

So sieht er aus!

ELSA Ich verstehe dich nicht, Martin.

STAATSANWALT Ich weiß.

ELSA Wieso bist du nicht jung gewesen?

Der Staatsanwalt raucht und betrachtet das Foto.

Warum machst du keine Ferien?

STAATSANWALT ... vierzehn Jahre an der Kasse, Monat um Monat, Woche um Woche, Tag für Tag, ein Mann, der seine Pflicht erfüllt wie wir alle. Schau ihn an! Ein Mensch ohne Laster, alle Zeugen bestätigen es, ein stiller und friedlicher Mieter, Naturfreund, Fußgänger, unpolitisch, Junggeselle, seine einzige Leidenschaft war das Sammeln von Pilzen, ein Mensch ohne Ehrgeiz, scheu und arbeitsam, ein geradezu vorbildlicher Angestellter.

Er legt das Foto wieder hin.

Es gibt Augenblicke, wo man sich wundert über alle, die

keine Axt ergreifen. Alle finden sich damit ab, obschon es ein Spuk ist. Arbeit als Tugend. Tugend als Ersatz für die Freude. Und der andere Ersatz, da die Tugend nicht ausreicht, ist das Vergnügen: Feierabend, Wochenende, das Abenteuer auf der Leinwand –

Elsa gähnt.

Du hast recht, Elsa, es ist zwei Uhr. Vielleicht kann ich mich nicht ausdrücken. Du bist müde, ich langweile dich. Du gähnst, sobald ich rede.

ELSA Verzeihung.

STAATSANWALT Du mußt schlafen.

ELSA Ich kann dir nur immer das gleiche sagen: –

STAATSANWALT Daß ich zu einem Arzt gehen soll.

ELSA Aber das tust du ja nicht. Weil du weißt, was er dir sagen wird: –

STAATSANWALT Daß es so nicht weitergeht.

ELSA Das sagen auch deine Freunde.

STAATSANWALT Wer zum Beispiel?

ELSA Hahn – Doktor Hahn, zum Beispiel.

STAATSANWALT Doktor Hahn ist nicht mein Freund.

ELSA Sondern –?

STAATSANWALT Deiner.

ELSA Martin!

STAATSANWALT Das nebenbei. *Er setzt sich an den Schreibtisch.* Lassen wir das. Darum geht es ja nicht ... Ich bin der einzige Mensch, sagt er, der erste Mensch, der ihn versteht, sagt er.

ELSA Wer?

STAATSANWALT Der Mörder.

ELSA Martin, ich friere.

STAATSANWALT Es ist kalt hier.

ELSA Du bist übermüdet, Martin, das ist alles. Du bist nervös. Ein Prozeß nach dem andern! Und ein Mensch wie du, der alles so ordentlich nimmt, so gewissenhaft –

STAATSANWALT Ich weiß.

ELSA Warum machst du keine Ferien?

STAATSANWALT Ferien in Spanien.

ELSA Der Mensch braucht das, Martin.

STAATSANWALT Vielleicht.

Er blättert in den Akten.

Vielleicht auch nicht ... Hoffnung auf den Feierabend, Hoffnung auf das Wochenende, all diese lebenslängliche Hoffnung auf Ersatz, inbegriffen die jämmerliche Hoffnung auf das Jenseits, vielleicht genügte es schon, wenn man den Millionen angestellter Seelen, die Tag für Tag an ihren Pulten hocken, diese Art von Hoffnung nehmen würde: – groß wäre das Entsetzen, groß die Verwandlung. Wer weiß! Die Tat, die wir Verbrechen nennen, am Ende ist sie nichts anderes als eine blutige Klage, die das Leben selbst erhebt. Gegen die Hoffnung, ja, gegen den Ersatz, gegen den Aufschub ...

Die Turmuhr schlägt.

ELSA Nimm es mir nicht übel, Martin, aber ich bin wirklich zum Umsinken müde.

STAATSANWALT Ich seh's.

ELSA Grübeln ändert nichts.

STAATSANWALT Da hast du recht.

Er erhebt sich und gibt der Gattin einen Kuß auf die Stirne.

Geh schlafen, Elsa!

ELSA Und du auch.

STAATSANWALT Gutnacht.

ELSA Gutnacht.

STAATSANWALT Ich rauche bloß noch meine Zigarre.

Elsa entfernt sich, der Staatsanwalt steht, wie er zu Anfang gestanden hat. Er raucht. Er bemerkt nicht, daß durch eine andere Türe eine weibliche Gestalt eingetreten ist, barfuß, fast noch ein Kind, Holz unter dem Arm. Erst als sie vor dem Kamin kniet und ein Scheit auf den Boden fällt, erschrickt er.

HILDE Ich habe Sie erschreckt?

STAATSANWALT Wer bist du?

HILDE Hilde.

STAATSANWALT Was ist denn?

HILDE Herr Staatsanwalt haben geklingelt.

STAATSANWALT Ich?

HILDE Es ist kalt hier. Vielleicht soll ich Feuer machen. Herr Staatsanwalt verzeihen mein offnes Haar, ich komm aus dem Bett.

STAATSANWALT Ich habe nicht geklingelt.

HILDE Ich will Feuer machen.

Der Staatsanwalt schaut ihr zu.

Es schneit noch immer so. Eine ganze Lawine ist vom Dach gerutscht. Daran bin ich aufgewacht. Das hat gedonnert wie im Sommer. Haben Herr Staatsanwalt es nicht gehört? Und alles hat gewankt wie bei einem Erdbeben.

Pause

Herr Staatsanwalt lesen wieder die ganze Nacht?

STAATSANWALT Du hast geträumt, Kind, ich habe nicht geklingelt.

HILDE Jetzt brennt's.

Feuerschein

Warum sehen Herr Staatsanwalt mich so an?

Der Staatsanwalt schweigt.

Immer sagen Herr Staatsanwalt, ich seh aus wie eine Fee. Aber Herr Staatsanwalt glauben ja nicht an Feen, das hab ich schon gemerkt. Herr Staatsanwalt machen sich lustig über mich. Bei uns droben, im Wald, da glauben's auch die Männer, nicht bloß so ein dummes Dienstmädchen wie unsereins.

STAATSANWALT Du siehst aus wie eine Fee.

HILDE In der Stadt, da glauben sie ja überhaupt nichts, das hab ich schon gemerkt, da lächeln sie bloß, wenn ich erzähle davon.

STAATSANWALT Wovon?

HILDE Ach so, Geschichten.

Sie schürt das Feuer.

Jetzt brennt's!

STAATSANWALT Ja...

HILDE Warum verbrennen Sie es nicht, Herr Staatsanwalt, das viele Papier, das Herr Staatsanwalt alleweil lesen müssen?

STAATSANWALT Verbrennen?

HILDE Ich würde das tun.

STAATSANWALT Du sprichst wie ein Kind.

HILDE Ich würde das tun.

STAATSANWALT Dann tu's!

HILDE Ich tu's!

Der Staatsanwalt lacht und gibt ihr ein Aktenbündel.

Ich tu's.

Sie wirft das Aktenbündel ins Feuer, der Staatsanwalt sieht zu, als wäre es nicht getan, sondern bloß gedacht, und lacht tonlos, Hilde holt ein zweites Bündel, ein drittes, schließlich den ganzen Rest, es lodert, daß das ganze Zimmer in Röte aufleuchtet.

– Wie das scheint!

STAATSANWALT Ja...

HILDE Wie bei den Köhlern im Wald!

STAATSANWALT Ja...

HILDE Daß man möchte tanzen dazu!

STAATSANWALT Ja...

HILDE Wie bei den Köhlern, als der Graf Öderland kam. Hoch lebe der Graf! und da sagte die Fee, als die Köhler erschraken, denn es brannten ihre eigenen Hütten, es brannten die Dörfer und Städte –

STAATSANWALT Was sagte da die Fee?

HILDE Wie das scheint!

2. Der Mörder

Gefängniszelle. Doktor Hahn sitzt auf der Pritsche, Hut auf dem Kopf, Akten auf dem Knie. Der Mörder steht, Hände in den Hosentaschen, und blickt zum Gitterfenster hinaus.

MÖRDER Schnee...

DOKTOR HAHN Was sagen Sie?

MÖRDER Ich sage: Schnee...

DOKTOR HAHN Wenn Sie mir keine Antwort geben auf meine Fragen, wie soll ich Sie verteidigen? Ich frage nicht als Staatsanwalt. Seine Verhöre haben Sie erschöpft, das kann ich ja verstehen, seine Verhöre sind berühmt, sein Blick, sein Verständnis. Wie stehe ich heute da? Ich war von Ihrer Unschuld überzeugt.

MÖRDER Ich weiß...

DOKTOR HAHN Warum haben Sie plötzlich gestanden?

Der Mörder zuckt die Achsel.

Heute wird das Urteil gefällt. Und ich weiß noch immer nicht, woher ich die mildernden Umstände nehmen soll. Ich weiß es nicht! wenn Sie mir nicht helfen.

Pause

MÖRDER Doktor, haben Sie noch eine Zigarette?

Doktor Hahn bietet Zigaretten an.

Das stimmt übrigens nicht, Doktor, was Sie vorher gesagt haben: daß er's mit Zigarren gemacht habe, der Staatsanwalt.

DOKTOR HAHN Sondern?

MÖRDER Weiß nicht.

Doktor Hahn gibt Feuer.

Er versteht mich einfach. Wenn man Monate lang gefragt wird und gefragt und wieder gefragt, und dann, plötzlich, steht einer im Saal, der einen versteht, Staatsanwalt hin oder her, Herrgott nochmal, es hat mir einfach wohlgetan . . .

Er raucht.

Danke.

DOKTOR HAHN Ich komme auf meine Frage zurück: Was haben Sie gedacht, beziehungsweise empfunden, als Sie damals, ich spreche vom 21. Februar vergangenen Jahres, von dem besagten Ort kamen?

MÖRDER – was Sie wollen.

DOKTOR HAHN Erinnern Sie sich!

MÖRDER Das ist leicht gesagt, Doktor.

DOKTOR HAHN Sie gingen aufs Klosett –

MÖRDER Wie manchmal noch!

DOKTOR HAHN Ich stütze mich auf die Akten.

MÖRDER Wenn es wahr ist, Doktor, was in diesen Akten steht, man könnte meinen, ich verbrachte mein ganzes Leben auf dem besagten Ort.

DOKTOR HAHN Was in den Akten steht, sind Ihre eignen Aussagen.

MÖRDER Ich weiß.

DOKTOR HAHN Also.

MÖRDER Mag sein –!

DOKTOR HAHN Was mag sein?

MÖRDER Daß es wahr ist. Gewissermaßen. Daß ich mein Leben gewissermaßen auf dem besagten Ort verbracht habe. Ich erinnere mich, oft hatte ich durchaus dieses Gefühl.

DOKTOR HAHN Daß Sie stets die Arbeitszeit dafür genommen haben, sagten Sie schon. Das ist ein Spaß, der die Geschworenen zum Lachen gebracht hat. Ich habe nichts dagegen, daß man die Geschworenen einmal zum Lachen bringt. Aber wesentlich ist das nicht; das machen alle Angestellten.

MÖRDER Dieses Gefühl hatte ich auch, Doktor, daß es nicht wesentlich ist, auch wenn ich vor dem Spiegel stand und mich rasierte jeden Morgen, wir mußten immer tadellos rasiert sein, oder wenn ich meine Schuhe nestelte und dazwischen frühstückte, um Schlag acht Uhr an meinem Schalter zu sein jeden Morgen ... jeden Morgen ...

DOKTOR HAHN Was haben Sie sagen wollen?

MÖRDER In sechs Jahren wäre ich Prokurist geworden.

Er raucht.

Sie haben recht, auch das hätte nichts verändert. Es fällt mir nur so ein. Überhaupt beklage ich mich in keiner Weise über die Bank-Union. Unser Betrieb war musterhaft, das muß ich sagen, unser Hauswart hatte einen Kalender, wo man nachsehen konnte, wann jede Flügeltüre zum letzten Mal geschmiert worden ist. Diesen Kalender habe ich mit eignen Augen gesehen. Da gab es keine girrende Türe und nichts. Das muß man sagen.

DOKTOR HAHN Um auf unsre Frage zurückzukommen: –

MÖRDER Ja: Was ist wesentlich?

DOKTOR HAHN Ich rekapituliere: Sonntagnachmittag beim Fußball-Länderspiel, die Niederlage unsrer Mannschaft bedrückt Sie, abends im Kino, aber der Film fesselt Sie nicht, Sie gehen zu Fuß nachhaus, laut Akten empfinden Sie keinerlei Unwohlsein –

MÖRDER Nur Langeweile.

DOKTOR HAHN – zuhause Fernsehen, aber das fesselt Sie auch nicht, 11 Uhr 20 nochmals in die Stadt, Besuch einer Milchbar, kein Alkohol, Sie klingeln kurz vor Mitternacht an der Hinterhoftüre der Bank-Union –

MÖRDER Weil das Hauptportal geschlossen war.

DOKTOR HAHN Als der Hauswart öffnet, sagen Sie ihm, Sie müßten auf den besagten Ort ... Ich verstehe noch immer nicht, warum Sie zu diesem Zweck (es war Sonntag) ausgerechnet auf die Bank-Union gehen.

MÖRDER Ich versteh's ja auch nicht.

DOKTOR HAHN Weiter!

MÖRDER Macht der Gewöhnung.

DOKTOR HAHN Jedenfalls läßt Hofmeier Sie herein.

MÖRDER Er war eine Seele von Mensch.

DOKTOR HAHN Ohne sich zu wundern über Ihren nächtlichen Besuch?

MÖRDER Natürlich wunderte er sich.

DOKTOR HAHN Aber?

MÖRDER Ich wunderte mich ja auch, ich schaute zu, wie er die Heizkessel bediente, und wir plauderten noch mindestens fünf Minuten.

DOKTOR HAHN Worüber?

MÖRDER Ich sagte: Dich sollte man auf der Stelle erschlagen! Wir lachten.

DOKTOR HAHN Und dann?

MÖRDER Ging ich auf den besagten Ort.

DOKTOR HAHN Und dann?

MÖRDER – hab ich's getan.

Er zertritt die Zigarette auf dem Boden.

Ich weiß nicht, Doktor, was Sie noch wissen möchten . . .

Pause

DOKTOR HAHN Haben Sie eine schwere Jugend gehabt?

MÖRDER Wieso?

DOKTOR HAHN Hat Ihr Vater Sie mißhandelt?

MÖRDER Wie kommen Sie denn darauf?

DOKTOR HAHN Hat Ihre Mutter Sie vernachlässigt?

MÖRDER Im Gegenteil.

DOKTOR HAHN Hm.

MÖRDER Ich würde es Ihnen schon sagen, Doktor, aber ich habe kein Motiv . . .

DOKTOR HAHN Hm.

MÖRDER Ehrenwort.

DOKTOR HAHN Karl Anton Hofmeier, der Ermordete, hatte, wie ich in den Akten sehe, eine verhältnismäßig junge Frau –

MÖRDER Sie tut mir leid.

DOKTOR HAHN Sie kannten Frau Hofmeier?

MÖRDER Sie hat mir die Wäsche geflickt.

DOKTOR HAHN Hm.

MÖRDER Um Geld zu verdienen.

DOKTOR HAHN Karl Anton Hofmeier, Hauswart bei der Bank-Union, hatte keinen Grund zur Eifersucht?

MÖRDER Das weiß ich nicht.

DOKTOR HAHN Ich meine: Ihretwegen?

MÖRDER Davon habe ich nichts bemerkt.

DOKTOR HAHN Ich meine: Hofmeier ist Ihnen nicht im Weg gestanden?

MÖRDER Wieso?

DOKTOR HAHN Und ein politisches Motiv haben Sie auch nicht!

MÖRDER Ich versteh nichts von Politik.

DOKTOR HAHN Sie glauben also zum Beispiel nicht daran, daß durch Gewalt die Welt verbessert werden kann?

MÖRDER Das weiß ich nicht.

DOKTOR HAHN Ich meine: Sie betrachten den Mord unter allen Umständen als eine verbrecherische Handlung?

MÖRDER Unter allen Umständen.

DOKTOR HAHN Hm.

MÖRDER Ich versteh Ihre vielen Fragen nicht, Doktor.

DOKTOR HAHN Karl Anton Hofmeier ist tot –

MÖRDER Ich weiß.

DOKTOR HAHN Was haben Sie sich davon versprochen?

MÖRDER Nichts.

DOKTOR HAHN Ich weiß nicht, wie ich Sie verteidigen soll. Soll ich dem Gericht vielleicht sagen, Sie haben es getan, bloß weil Sie gerade eine Axt hatten, bloß weil kein andrer zugegen war als Karl Anton Hofmeier?

MÖRDER So war's aber.

Pause

Doktor, haben Sie noch eine Zigarette?

Doktor Hahn bietet Zigaretten an.

Danke.

Er wartet vergeblich auf Feuer.

Vielleicht wäre alles anders gekommen, wenn ich mehr verstanden hätte vom Geld.

DOKTOR HAHN Wie meinen Sie das?

MÖRDER So.

DOKTOR HAHN Millionen sind durch Ihre Hände gegangen. Es ging Ihnen nicht um Geld. Darauf fußt meine ganze Verteidigung. Sie hätten Millionen unterschlagen können, ohne zur Axt zu greifen. Was Sie begangen haben, ist Mord, aber kein Raubmord. Und das setze ich durch!

MÖRDER Ich meine es auch nicht so.

DOKTOR HAHN Wie denn?

MÖRDER Wenn ich mehr verstanden hätte vom Geld, meine ich, vielleicht hätte ich mich nicht so gelangweilt vierzehn Jahre lang.

DOKTOR HAHN Gelangweilt?

MÖRDER Klar.

DOKTOR HAHN Wollen Sie dem Gericht vielleicht sagen, daß Sie den alten Hauswart erschlagen haben aus – Langeweile, aus purer Langeweile?

Es klopft.

Herein!

Eintritt ein Wärter mit einem Brief.

Was ist denn?

WÄRTER Ich soll auf Ihren Bescheid warten.

Doktor Hahn öffnet den Brief und liest.

Das Essen kommt gleich.

DOKTOR HAHN Was soll das bedeuten?

WÄRTER Keine Ahnung.

DOKTOR HAHN Näheres weiß man nicht?

WÄRTER Die Frau Staatsanwalt wartet unten.

DOKTOR HAHN Ist der Gerichtshof unterrichtet?

WÄRTER Jawohl, Herr Doktor.

DOKTOR HAHN Ich komme sofort.

Der Wärter geht, Doktor Hahn sammelt seine Akten.

Sie haben Glück.

MÖRDER Wie das schneit . . .

DOKTOR HAHN Das Gericht ist vertagt.

MÖRDER Sie können sich nicht vorstellen, Doktor, wie vertraut mir dieser Anblick ist: Immer diese sieben Stäbe, dahinter die Welt, so war es auch hinter dem Schalter, als ich noch arbeitete, als ich noch frei war . . .

DOKTOR HAHN Haben Sie nicht gehört, was ich sage? Das Gericht ist vertagt. Überlegen Sie sich, was ich Sie gefragt habe. Überlegen Sie es in aller Ruhe. Heute ist Freitag, wir sprechen uns wieder am nächsten Montag. Ich bin sehr eilig.

Der Wärter kommt.

WÄRTER Fertig?

DOKTOR HAHN Fertig.

Doktor Hahn geht, der Wärter bleibt, er hat das Essen gebracht, einen blechernen Teller und einen großen Eimer.

WÄRTER Was sagen Sie jetzt?

MÖRDER Wieder Bohnensuppe?

WÄRTER Einfach verschwunden und verschollen, ein Staatsanwalt, einfach verschwunden und verschollen! Das ist noch nicht vorgekommen. Zu mir hat er immer gesagt, ich sehe aus wie ein Bienenzüchter –

MÖRDER Brot gibt's auch?

WÄRTER Ich frage, was Sie dazu sagen.

MÖRDER Schade.

WÄRTER Wieso schade?

MÖRDER Der Einzige, der mich verstanden hat . . .

Der Mörder beißt in sein Brot, dann löffelt er die Suppe, die der Wärter unterdessen geschöpft hat. Der Wärter wartet umsonst auf ein Gespräch, dann geht er; man hört, wie die Gefängnistüre von außen geschlossen wird.

3. Der Staatsanwalt kommt zu seiner Axt

Hütte im Wald. Am Herd steht Inge, ein junges Mädchen mit hellem Haar. Die Mutter, ein altes Weib, stellt drei Teller auf den Tisch.

INGE Die Suppe ist fertig. Wenn Vater nicht kommt, nachher ist alles wieder kalt.
MUTTER Immer das gleiche Lied!
INGE Nachher bin ich wieder schuld.
MUTTER Jens! – Jens . . .
  Die Mutter geht hinaus, rufend.
INGE So ist unser Leben
  Tag für Tag, und so
  würde es sein, bis ich alt bin
  und sterbe –
  Man hört den schimpfenden Vater draußen.
  So würde es sein
  Tag für Tag.
  Aber einmal, wenn ich
  die Hühner füttern soll
  wie immer und immer,
  wenn alles von vorne beginnt,
  und Vater hat schon den Schlitten geschirrt,
  ich soll ihm helfen im Wald
  wie immer und immer –
  einmal:
  Da steht er im Zimmer
  plötzlich
  der Graf von Öderland.
  Da steht er
  und hat eine Axt in der Hand.
  Wehe!

Wer uns die Wege verstellt,
wehe,
wehe euch allen,
ich sehe euch fallen
wie Bäume im Wald!

Eintreten Mutter und Vater, ein alter Köhler, der eine Axt in der Hand hat. Er stellt sie neben die Türe an die Wand. Alle setzen sich.

VATER Alles muß einer allein machen.

MUTTER Komm, Herr Jesus Christ, sei unser Gast und segne, was du uns beschert hast, Amen.

Inge schöpft die Suppe.

VATER Was ist das für ein Kerl da draußen? Jetzt streicht er schon wieder ums Haus herum.

MUTTER Wer?

VATER Ich frag sie.

INGE Mich?

VATER Was das für ein Kerl ist?

INGE Wie soll ich's wissen?

VATER Mir streicht er nicht nach.

INGE Ich hab niemand gesehen.

VATER Salz ist auch nicht da!

Inge erhebt sich und holt Salz.

Gestern schon, stundenlang steht er droben im Wald, wo ich die Föhren schäle. Meint, ich seh ihn nicht, wie er da hinter den Stämmen steht und gafft. Ich lauf ihm nicht nach. Wenn er den Weg nicht weiß, kann er ja fragen.

MUTTER Gestern schon?

INGE Wo ist er denn die ganze Nacht gewesen?

MUTTER Im Schnee?

VATER Was geht das uns an . . .

Inge ißt nicht weiter.

Wo glotzt sie wieder hin?

MUTTER Laß sie.

VATER Warum ißt sie ihre Suppe nicht?

Die Eltern essen weiter.

INGE So ist unser Leben
Tag für Tag.
Aber einmal
da steht er im Zimmer
plötzlich
der Graf von Öderland,
da steht er
und hat eine Axt in der Hand,
und wer uns die Wege verstellt,
wehe,
wehe euch allen,
ich sehe euch fallen
wie Bäume im Wald ...

VATER Denkt sie wieder an ihren Graf.

MUTTER Laß sie.

VATER Tagein, tagaus.

INGE Graf Öderland geht um die Welt,
Graf Öderland geht mit der Axt in der Hand,
Graf Öderland geht um die Welt!
*Vater und Mutter blicken erschrocken nach der Türe, Inge
sitzt unverändert und blickt ins Leere, in der Türe steht der
Staatsanwalt mit einer Ledermappe, Hut und Mantel sind
verschneit.*

MUTTER Sie wollen zu uns?
Der Staatsanwalt schweigt.

VATER Wir sind grad beim Essen.
Der Staatsanwalt schweigt.

MUTTER Wer sind Sie?
Der Staatsanwalt schweigt.

INGE Wollen der Herr sich setzen?
Sie gibt ihren Hocker.
Der Herr sind müd, denke ich, von der Nacht.

STAATSANWALT Sehr. –
Schweigen

Ich möchte nicht stören . . .

MUTTER Sie kommen aus der Stadt herauf?

STAATSANWALT Das ist sonst nicht meine Art . . .

INGE Wollen der Herr etwas essen?

MUTTER Wir haben bloß Suppe.

INGE Bohnensuppe.

MUTTER Hol den Teller, den andern.

Inge geht hinaus.

VATER Ja.

STAATSANWALT Eine einsame Gegend hier . . .

VATER Ja.

MUTTER Da hat sich schon manch einer verirrt im Winter, wenn die Wege verschneit sind. Aber Sie können's nicht verfehlen, wenn Sie ins Dorf wollen. Immer am Bach entlang. Jetzt ist er zugefroren, da brauchen Sie keine Brücke, da kommen Sie jetzt hinüber, wo Sie wollen.

Pause

Ich weiß ja nicht, ob Sie ins Dorf wollen.

Pause

Hier heraus kommt niemand.

Der Staatsanwalt schweigt.

VATER Hier gibt es nichts zu holen! meint sie. Die Hütte, zwei Monate lang ohne Sonne, ein Schlitten und ein Gaul, Sie haben mich ja gesehen, Holz, das ist alles, was es hier gibt, eine Ziege, wenn Sie's wissen wollen, und neunzehn Hühner, das ist alles, und der Gaul ist auch nichts wert.

STAATSANWALT Wie meinen Sie das?

MUTTER Wir sind arm! meint er.

VATER Einmal ist einer gekommen –

MUTTER Laß das!

Der Vater löffelt seine Suppe.

Der Herr müssen halt Geduld haben. Das Kind muß ihn erst waschen, den Teller, wir brauchen nie einen vierten Teller.

STAATSANWALT Ich bin froh um die Wärme.

VATER Einmal ist einer gekommen, ja, vor einundzwanzig Jahren, der hat meinen Vater erschlagen und die Mutter dazu. Keine Krone hat er genommen. Ein Verrückter. Mit einer Axt hat er sie erschlagen, als ich im Wald war. Und gefunden haben sie ihn nie.

MUTTER Warum erzählst du das immer.

VATER Es geschieht nicht viel in unserm Tal.

STAATSANWALT Fürchten Sie sich nicht!

VATER Ich fürcht mich nie.

STAATSANWALT Ich möchte, ich dürfte das gleiche sagen –

Inge kommt mit dem gewaschenen Teller.

Es ist mir nicht recht, daß ich einfach so komme, aber ich habe wirklich Hunger.

MUTTER Brot ist genug da.

STAATSANWALT Das ist nicht meine Art sonst . . .

Er bekommt Brot.

Ich danke.

Er bekommt den gefüllten Suppenteller.

Ich danke.

Schweigen

VATER Wenn ich den Schlitten geschirrt hab, kommst du. Verstanden? Alles kann ich nicht allein machen.

INGE Ich?

VATER Knüppel binden, dazu braucht's keinen Mann.

STAATSANWALT Vielleicht kann ich etwas helfen?

MUTTER Essen Sie jetzt Ihre Suppe, solang sie warm ist.

STAATSANWALT Aber nachher.

VATER So war das nicht gemeint.

STAATSANWALT Warum nicht?

Der Vater geht hinaus.

MUTTER Du hast's gehört! Laß ihn nicht warten, wenn der Schlitten geschirrt ist. Er schimpft schon den ganzen Tag. Und vergiß nicht die Hühner!

Die Mutter geht hinaus.

STAATSANWALT Ich weiß nicht, woran es mich erinnert.

INGE Was?

STAATSANWALT Bohnensuppe . . .

INGE Ich bin froh, daß Sie gekommen sind.

STAATSANWALT Ich? Wieso?

INGE Bevor ich alt bin und sterbe.

STAATSANWALT Du –?

INGE Nehmen Sie mich fort von hier!

STAATSANWALT Warum?

INGE Sehen Sie's nicht?

STAATSANWALT – ja . . .

INGE Öd ist es hier. Immer. Wenn Sie noch zehn Jahre in dieser Küche sitzen, da kommt nichts dazu, in einer halben Stunde wissen Sie alles.

STAATSANWALT Ich kenne das . . .

INGE Nehmen Sie mich wirklich fort von hier?!

Der Staatsanwalt löffelt seine Suppe.

Ich heiße Inge.

STAATSANWALT Inge?

INGE Warum blicken Sie mich so an?

STAATSANWALT Ich erinnere mich. Früher schon hatte ich dieses Gefühl. Immer schon. So ein hohles Gefühl, daß ich anderswo erwartet werde. Immer anderswo. Und daß ich jetzt etwas erledigen müßte.

INGE Was denn?

STAATSANWALT Keine Ahnung!

Inge kniet vor dem Herd.

Früher meinte ich immer, ich wüßte es, nur stimmte es nie. Ich konnte tun, was immer meine Pflicht war, und ich wurde es dennoch nie los, das Gefühl, daß ich meine Pflicht versäume mit jedem Atemzug, nie. Nie.

INGE Wollen Sie noch mehr Suppe?

STAATSANWALT Wie heißest du?

INGE Inge.

STAATSANWALT – wenn ich bloß wüßte, wer ich selbst bin.

INGE Das wissen Sie nicht?

STAATSANWALT All das hier habe ich schon einmal erlebt: wie du vor dem Feuer kniest. Genau so. Dein Haar voll Glut, und wie du mich anschaust. Genau so. Mit Augen voll Glut.

Inge legt Holz auf.

Ich hatte solche Angst, als ich den alten Köhler erblickte. Gestern. Nicht wegen der Axt, weißt du, und nicht wegen der Hunde. Ich habe Angst vor Menschen, am wenigsten vor dir: – Du fragst nicht, wer ich sei. Das ist wunderbar. Du mußt nicht denken, ich sei verliebt in dich, weil du jung bist und herrlich –

INGE Das bin ich nicht.

STAATSANWALT – wie eine Fee.

INGE Erzählen Sie weiter!

STAATSANWALT Das ist alles, woran ich mich erinnere: Ich habe einen Beruf, aber plötzlich stehe ich im Wald, meine Ledermappe unterm Arm, und es ist eine Gegend, die ich noch nie erblickt habe. Und plötzlich habe ich Zeit. Da, hinter mir, plötzlich ist es weg, ein Wald voll Schnee, weiter nichts, Schnee, der alle Spuren löscht, Stämme ringsum, nichts als Föhren, rot, Stämme. Und dazu die hallenden Schläge einer Axt...

Inge erhebt sich vom Herd.

Hilde heißest du?

INGE Inge.

STAATSANWALT Woher kenne ich dich?

INGE Erzählen Sie weiter!

STAATSANWALT Ich habe nichts zu erzählen...

Inge setzt sich zu seinen Füßen.

Am Ende, wenn ich mich erinnere, sind es zwei oder drei Gesichter, die immer wiederkehren, und wenn man ans Ende der Welt stapfte. Immer ist da ein Gesicht wie das deine, ein Kind. Und immer wenn man gehen will, immer ist eine Art von Gendarm da, der wissen muß wohin und woher, und überall gibt es Stäbe...

INGE Was gibt es?

STAATSANWALT Stäbe, Schranken, Gitter, Stäbe.

Er hat sich erhoben und blickt durch das kleine Fenster hinaus.

Wie die Stämme im Wald, die man fällen möchte, wenn man eine Axt hätte.

INGE Erzählen Sie weiter, ich höre zu.

STAATSANWALT Einmal war ich Kapitän. O ja. Draußen auf der offenen See. Mein Schiff hatte drei Maste, der Bug hatte einen Schnabel, den ich heute noch zeichnen könnte, wie ein Adler. Wir fuhren nach allen Küsten der Welt. Kreuz und quer. Ohne Ziel und Zeit. Wir lebten von Fischen, wovon es genug gibt, und von den Früchten der Küsten, manchmal gingen wir auf die Jagd, und wenn wir das Nötige hatten, segelten wir weiter – ja – und dann . . .

INGE Und dann?

STAATSANWALT Dann, plötzlich, war es ein Spielzeug, mein Schiff mit den drei Masten – so groß: man kann es in beide Hände nehmen, mein Schiff, wo ich Kapitän drauf war, man kann es auf eine Truhe stellen.

INGE Gräßlich.

STAATSANWALT Ja.

Er lacht.

Und ein Dienstmädchen staubt es ab Tag für Tag –

Der Vater kommt zurück.

VATER Der Schlitten ist geschirrt.

Inge erhebt sich.

Und da wär die Axt, wenn der Herr noch Lust daran haben, Arbeit gibt's genug.

STAATSANWALT Danke.

VATER Ich heiße Jens. Und Sie?

STAATSANWALT Ich –

INGE Graf Öderland!

VATER Graf –

Der Staatsanwalt lacht.

Graf Öderland?

INGE Ja! Ja!

STAATSANWALT Sie zittern ja ... Warum atmen Sie nicht mehr ... Sie schlottern ja plötzlich ...

Der Vater weicht wie vor einem Gespenst zurück, voll Schrei, aber stumm. Der Staatsanwalt steht und sieht die Wirkung, dann erst die Ursache: die Axt in seiner eignen Hand.

INGE Einmal

da steht er im Zimmer

plötzlich

der Graf von Öderland.

Draußen wiehert der Gaul.

Da steht er

und hat eine Axt in der Hand,

Wehe!

Wer uns die Wege verstellt,

wehe,

wehe euch allen,

ich sehe euch fallen –

VATER Erbarmen! Erbarmen! Erbarmen!

Der Staatsanwalt lacht.

INGE Komm!

Der Vater bricht auf die Knie.

Unser Schlitten ist geschirrt –

Draußen wiehert der Gaul.

Komm!

*Arbeitszimmer des Staatsanwaltes. Tag. Herr Mario, ein
Hellseher aus dem Kabarett, steht im Zimmer, die Hände
in die Hüften gestützt, und betrachtet die Wände aus lauter
Ordnern. Elsa in häuslicher Eleganz; sie wartet auf den
Befund des Hellsehers, Zigaretten rauchend. Nervös. Abseits steht Doktor Hahn, der im Augenblick lieber nicht zugegen sein möchte.*

MARIO Aha . . . aha . . . aha.

ELSA Was wollen Sie damit sagen?

MARIO Das also ist sein Arbeitszimmer.

ELSA Ja.

MARIO Aha . . . Und das sind lauter Ordner?

ELSA Ja.

MARIO Fälle?

ELSA Wie meinen Sie das?

MARIO Fälle. Ich meine: Fälle. Mord, Raub, Meineid, Not-
zucht, Erpressung, Ehebruch –

ELSA Jaja, natürlich.

MARIO Ordner schwarz, Etikette weiß.
    *Er nimmt seine Brille ab und nähert sich den Ordnern, liest
    da und dort eine Etikette.*
    Sehr ordentlich, sehr ordentlich . . .

ELSA Daß mein Gatte sehr ordentlich war, ist ja wohl be-
kannt, Herr Mario, das weiß die ganze Stadt; dazu
braucht es keinen Hellseher.

MARIO Sehr ordentlich . . .
    Elsa und Doktor Hahn geben sich Blicke.
    Und Sie, Madame, sind seine Gattin?

ELSA Ja – freilich – natürlich.

MARIO Aha . . .

ELSA Wieso fragen Sie?

Mario betrachtet sie brillenlos.

Das war sein Schreibtisch.

MARIO Wenn ich etwas fragen darf –

ELSA O bitte.

MARIO Wessen Schreibtisch ist es jetzt?

ELSA Jetzt? Wieso?

MARIO Weil die verehrte Dame sagen: Es war sein Schreibtisch.

ELSA Ich habe gesagt: Ist sein Schreibtisch.

MARIO War sein Schreibtisch.

ELSA Dann habe ich mich versprochen.

MARIO Aha . . .

Er putzt die Brillengläser und blinzelt nach Art der Kurz-
sichtigen in der Luft umher.

Der geschätzte Verschollene, sehe ich, hat viel gearbeitet –

ELSA Das darf man wohl sagen.

MARIO Sein Leben war Arbeit, wie es in den Nachrufen zu
heißen pflegt, Arbeit und Pflichterfüllung.

ELSA Mein Mann war Staatsanwalt.

MARIO Aha . . .

ELSA Ist Staatsanwalt.

MARIO Aha . . .

Er hält die geputzte Brille gegen das Tageslicht.

ELSA Ich weiß nicht, Herr Mario, ob es Ihnen hilft, wenn Sie
auch die andern Zimmer besichtigen.

MARIO Ich komme.

Er setzt die Brille wieder auf und sieht die andere Wand.

Und das sind ebenfalls Ordner?

ELSA Jaja.

MARIO Ordner schwarz, Etikette weiß.

Er betrachtet auch hier die Ordner, liest da und dort eine
Etikette.

Sehr gewissenhaft, sehr gewissenhaft . . .

Doktor Hahn und Elsa geben sich Blicke.

Und – was ist denn das hier?

ELSA Was meinen Sie?

MARIO Dort auf der Truhe.

ELSA Ach so. Nichts Besonderes.

MARIO Ein Schiff?

ELSA Eine Spielerei.

MARIO Aha . . .

ELSA Ein Nippzeug.

MARIO Gewissermaßen ein Wikingerschiff?

ELSA Gewissermaßen.

MARIO Mit Segeln aus Pergament . . .

ELSA Eigentlich ist es eher aus der spanischen Seefahrerzeit, glaube ich, Kolumbuszeit, nach dem spanischen Namen zu schließen.

MARIO Aha . . .

ELSA Esperanza.

MARIO Mit Segeln aus Pergament . . .

Er wendet sich plötzlich, indem er die Betrachtung des kleinen Schiffes abbricht, und nimmt wieder die Brille ab.

Und was für Räume sonst?

ELSA Hier war sein Schlafzimmer.

MARIO Aha . . .

ELSA Ist sein Schlafzimmer.

MARIO Wenn es gestattet ist.

ELSA Ich bitte darum. Man hat nichts verändert. Vielleicht hilft es Ihnen, wenn Sie allein sind.

MARIO Ich bitte darum.

Herr Mario geht ins Schlafzimmer, Elsa macht die Türe zu und blickt zu Doktor Hahn, aufatmend; während Elsa sich eine Zigarette nimmt, nähert sich Doktor Hahn mit seinem Feuerzeug.

ELSA Du glaubst im Ernst, das hat einen Zweck?

DOKTOR HAHN Wir müssen alles versuchen. Wir sind es ihm schuldig, Elsa, und wenn es ein Hellseher ist.

ELSA Aus dem Kabarett!

DOKTOR HAHN Wo findet man sie sonst?

Elsa raucht.

Unsere Nachforschungen, du weißt es, sind ohne jedes Ergebnis. Seit achtundvierzig Stunden schneit es. Die Spürhunde der Polizei sind hilflos wie unser Verstand. Keine Fußspur, nichts, keine Witterung, kein Mensch, der ihn gesehen hat –

ELSA Jetzt sind es schon zwei Tage.

DOKTOR HAHN Nimmst du einen Cognac?

ELSA Ich kann mir nicht vorstellen, was geschehen ist. Ich kann es nicht! Aber ich werde den Gedanken nicht los: Was es auch ist, im Grunde tut er es nur uns zuleid.

DOKTOR HAHN Elsa –

ELSA Dir und mir!

DOKTOR HAHN Liebes –

Es klopft.

ELSA Herein?

Eintritt Hilde.

Was ist los?

HILDE Die Post.

Elsa nimmt die Post und öffnet sie.

Der Hund, gnädige Frau, will noch immer nichts fressen. Ich habe ihm warme Milch gemacht, aber die nimmt er auch nicht, und wenn der Herr Staatsanwalt zurückkommt und der Wotan ist verhungert –

DOKTOR HAHN Hilde! Ich frag noch einmal –

HILDE Ich kann doch nichts dafür.

DOKTOR HAHN Das behauptet auch niemand.

HILDE Warum fragt man mich so viel?

DOKTOR HAHN Sie sind der Mensch, der ihn zuletzt gesprochen hat. Warum erzählen Sie nichts? Sie haben ein Kaminfeuer gemacht, sagen Sie –

HILDE Ja.

DOKTOR HAHN Was hat er zu Ihnen gesagt?

HILDE Angeschaut hat er mich, weil ich barfuß war.

DOKTOR HAHN Und gesagt hat er kein Wort?

HILDE Natürlich.

DOKTOR HAHN Was denn?

HILDE Ich soll das Papier verbrennen –

DOKTOR HAHN Hm.

ELSA Und das haben Sie getan?!

HILDE Wenn der Herr Staatsanwalt es wünscht –

DOKTOR HAHN Hm.

HILDE Ich kann doch nichts dafür!

*Sie wird stehen gelassen und nicht mehr zur Kenntnis ge-
nommen, aber sie bleibt.*

. . . Weiß man schon etwas, wo der Herr jetzt ist? In allen
Zeitungen ist sein Bild.

ELSA Kümmern Sie sich um Ihre Arbeit.

Hilde entfernt sich.

Ich kann die Person nicht riechen! Diese Unschuld vom
Land! Schau dir das Gesicht an! Ihre Backenknochen, und
wenn sie das Maul aufmacht, ihr Tiergebiß, ihr Katzen-
gebiß!

DOKTOR HAHN Ob das gestattet ist?

Elsa öffnet weiterhin die Post.

Da hat er noch Zigarren, eine halbe Schachtel voll, Romeo
y Julietta, die vertrocknen ja bloß.

ELSA Ich bitte dich.

Doktor Hahn richtet sich eine Zigarre.

Nichts! – nichts als Rechnungen, Drucksachen, Einladun-
gen, Vorschriften, Erlasse, Aufrufe, Anzeigen, Winterhilfe,
Tierschutz, Altersversicherung, Förderung des Weltfrie-
dens.

Sie wirft alles auf den Schreibtisch.

Nichts als Papier . . .

Doktor Hahn zündet die Zigarre an.

Elsa läßt sich in einen Polstersessel fallen.

DOKTOR HAHN Und was hat er denn zu dir gesagt in dieser
Nacht? Ihr habt noch gesprochen, sagst du.

ELSA Nichts Besonderes.

DOKTOR HAHN Aber was denn?

ELSA Ich habe nicht zugehört. Er soll zum Arzt gehen, habe ich gesagt, er soll Ferien machen, er soll ein Pulver nehmen. Daß er sich ankleidet mitten in der Nacht, das bin ich gewohnt. Das tut er oft, wenn er viel Arbeit hat. Plötzlich erwacht er und meint, er habe etwas vergessen. Das meint er, seit wir uns kennen.

DOKTOR HAHN Was meint er?

ELSA Er habe etwas versäumt . . .

Pause

DOKTOR HAHN Vielleicht hat er bloß eine Geliebte?

Elsa erhebt sich wieder.

Glaubst du, er hat etwas gemerkt?

ELSA Wegen uns?

DOKTOR HAHN Es wäre mir peinlich.

Es klopft.

ELSA Du glaubst, er hat es gemerkt?

DOKTOR HAHN Ich glaube, es hat geklopft.

Es klopft.

ELSA Jetzt ist es aber genug! Diese schamlose Schnüffelei! Wenn die Person meint, ich lasse mir alles gefallen –

Sie reißt die Türe auf und findet niemand.

Hilde? Hilde!

Es klopft.

DOKTOR HAHN Vielleicht ist es an der andern Türe.

Es klopft.

ELSA Herein!

Herr Mario tritt aus dem Schlafzimmer.

MARIO Entschuldigen Sie, wenn ich störe.

ELSA Aber gar nicht!

DOKTOR HAHN Keineswegs!

ELSA Wieso stören?

DOKTOR HAHN Im Gegenteil!

ELSA Im Gegenteil!

MARIO Ich sehe eben, es ist sechs Uhr. Um acht Uhr beginnt meine Vorstellung. Ich bedaure. Aber eigentlich habe ich gesehen, was zu sehen ist. Auch das Schlafzimmer: sehr ordentlich, sehr gewissenhaft ...

ELSA Sie müssen schon gehen?

MARIO Was ich Madame noch fragen möchte: –

ELSA Bitte?

MARIO Zwei Dinge.

Er nimmt seinen Mantel vom Sessel.

Ich habe leider den Herrn Staatsanwalt nie gesehen. Sie entschuldigen, daß ich fragen muß – das heißt: wenn die Gegenwart dieses Herrn nicht stört.

DOKTOR HAHN Oh, ich kann ja gehen.

MARIO Nämlich es betrifft sein Äußeres.

ELSA Dort ist sein Bild!

MARIO Aha ... aha ... aha ...

ELSA Aufgenommen vor drei oder vier Jahren, als mein Mann in die Akademie gewählt worden ist; daher die Tracht.

MARIO Aha ...

ELSA Das Rähmchen, Sie verzeihen, wenn es nicht abgestaubt ist, ich habe ausdrücklich befohlen, daß nichts von seinen Sachen berührt wird.

MARIO Silber?

ELSA Das Rähmchen – ja.

MARIO Aha ... Und wenn ich fragen darf: wer hat den geschätzten Verschollenen in dieses Rähmchen gebracht?

ELSA Warum?

MARIO Madame persönlich?

ELSA Ein Erbstück.

MARIO Aha ...

Er stellt das Bild wieder hin.

Sehr zierlich, sehr gediegen. Sehr.

Er nimmt das Bild nochmals zur Hand.

Herr Staatsanwalt liebt das Reisen?

ELSA Ein Mann in seiner Stellung –

MARIO Kommt nicht dazu. Verstehe.

ELSA Als wir heirateten, begann der Krieg –

MARIO Verstehe.

ELSA Alle Grenzen gesperrt –

MARIO Verstehe, verstehe.

ELSA Manchmal muß er nach London oder Paris.

MARIO – aber Santorin kennt er nur von Bildern?

ELSA Santorin?

MARIO Madame wissen nichts von Santorin?

Er stellt das Bild wieder hin.

Santorin, soviel ich weiß, ist ein alter erloschener Vulkan, versunken im Meer, eine Insel in den Zykladen. Sehr weiß, sehr grell. Zwischen Griechenland und Kreta. Zur Zeit, wie es heißt, in den Händen der Rebellen.

ELSA Was hat das mit meinem Mann zu tun?

Mario kommt nicht in seinen Mantel hinein.

DOKTOR HAHN Darf ich helfen?

MARIO Danke, danke, es ist nur das zerrissene Futter. Und die Eile! Die Menschen, wenn sie einmal im Kabarett sitzen, lassen nicht mit sich spaßen. Danke! Es geht schon. Und einen alten Hut hatte ich auch . . .

Er findet den Hut auf einem Sessel.

– ich weiß nicht, Madame, was der Herr Staatsanwalt, der geschätzte Verschollene, zu tun hat auf Santorin, ich kann nur sagen, was ich sehe.

ELSA Nämlich?

MARIO Übrigens nichts Besonderes. Meine Tournee führt mich durch alle großen Städte von Europa, überall sehe ich schwarze Ordner mit weißer Etikette, überall, und dahinter: – Angst.

DOKTOR HAHN Was wollen Sie damit sagen?

MARIO Angst, Rauch, Blut . . . Ich sage es in jeder Vorstellung, die Leute werden blaß, aber zum Schluß klatschen sie. Was soll man tun?

DOKTOR HAHN Krieg? meinen Sie.

MARIO Zivilisation.

DOKTOR HAHN Und wieso Blut? Wieso Rauch? Wieso Angst? Wovor?

MARIO Wovor?

Er lächelt wie über eine Kinderfrage, während er seine weißen Handschuhe aus dem Mantel nimmt und sie anzieht.

Was den geschätzten Verschollenen betrifft, am deutlichsten, wie gesagt, sehe ich ihn hinter diesen Ordnern . . .

ELSA Lebend?

MARIO Oh, sogar sehr.

ELSA Aber?

MARIO Ich sehe nicht wo.

DOKTOR HAHN Schade!

ELSA Sehr schade.

DOKTOR HAHN Darauf käme es nämlich an!

MARIO Ich sehe nur: wie.

ELSA Nämlich?

MARIO Wenn ich das sagen darf?

ELSA Wir bitten darum.

MARIO Ich möchte Madame nicht erschrecken. Sie kennen ihn persönlich, den geschätzten Verschollenen, und vielleicht trauen Sie es ihm nicht zu. Sie kennen ihn als Staatsanwalt: sehr ordentlich, sehr gewissenhaft –

ELSA So reden Sie schon!

MARIO Ich aber sehe ihn, wenn ich offen sprechen darf, mit einer Axt in der Hand.

DOKTOR HAHN Mit einer –?

MARIO Ja, das sehr deutlich.

ELSA – mit einer Axt?

MARIO Wahrscheinlich in der rechten Hand.

Elsa und Doktor Hahn geben sich einen Blick.

ELSA Was Sie nicht sagen!

Sie lächelt zu Doktor Hahn.

Martin mit einer Axt in der Hand.

Sie stellt sich ernsthaft.

Was macht er denn mit dieser Axt?

MARIO Das wird man ja sehen.

DOKTOR HAHN Bäume fällen?

MARIO Hoffen wir's.

Er verbeugt sich.

Sie verzeihen, Herrschaften, ich muß mich beeilen.

ELSA Haben Sie schönen Dank.

MARIO Ich bedaure, daß ich die Herrschaften enttäuscht habe; ich kann nur sagen, was ich sehe.

ELSA Selbstverständlich!

MARIO Nach Ihnen, Madame, nach Ihnen.

ELSA Ich bin hier zuhause.

Elsa begleitet den Hellseher hinaus. Doktor Hahn, allein im Zimmer, nimmt einen Cognac aus der Bar und zwei Gläser. Bevor er sie füllt, stellt er das Radio an, das eine belanglose Musik liefert, und macht Licht an der Ständerlampe, Gemütlichkeit.

RADIO »Wir geben Ihnen die genaue Zeit. Beim dritten Ton ist es genau: achtzehn Uhr null Minuten. Pik, Pik, Piiiik. – In wenigen Minuten vermitteln wir die Nachrichten.«

Elsa kommt zurück.

ELSA Gott sei Dank! So ein Scharlatan.

DOKTOR HAHN Nimm einen Cognac.

ELSA Kabarett im eignen Heim.

Doktor Hahn gibt den Cognac.

RADIO »Wir vermitteln die Nachrichten: –«

DOKTOR HAHN Prost.

RADIO »Inland.«

Doktor Hahn stellt das Radio etwas lauter.

»Ein schweres Verbrechen ereignete sich gestern in Ottertal. Drei Landjäger, die ihren gewohnten Dienst versahen, wurden von einem Unbekannten ermordet. Es ist anzunehmen, daß es sich bei dem Täter, der sich in seiner Unterschrift als Graf ausgibt, um einen Geisteskranken handelt. Im Fall einer Begegnung wird äußerste Vorsicht empfohlen. Die Untersuchung an den drei Opfern hat ergeben, daß der Mord mit einer Axt verübt worden ist.«

ELSA Stell ab!

RADIO »Paris.«

Elsa läßt ihr Glas fallen.

»Wie aus Paris gemeldet wird, dauern die schweren Unruhen trotz Einsatz von Panzerwagen weiterhin an und forderten neuerdings Opfer.«

ELSA Stell ab!

RADIO »Offenbar ist es den Rebellen gelungen –«

Stille

ELSA Kannst du das glauben?

Wald, ein Haufen betrunkener Köhler, Nacht und Wind.

EINER Herrlich sind wir und frei!

EINER Aber ohne Schnaps –

EINER Hoch lebe der Graf!

EINER Kein Tropfen mehr –

EINER Alles leer –

EINER Hoch lebe der Graf!

EINER Wo ist er hin?

EINER Er kommt zurück, das Kind hat's gesagt, mit neuem Schnaps –

EINER Woher?

EINER Herrlich sind wir und frei!

EINER Im ganzen Dorf ist kein Tropfen mehr, 's ist aus-gesoffen, in allen Dörfern ist kein Tropfen mehr –

Sie grölen:

ALLE »Graf Öderland geht um die Welt,

Graf Öderland geht mit der Axt in der Hand,

Graf Öderland geht um die Welt.«

Stille

EINER Er kommt zurück, das Kind hat's gesagt, er hat die Köhler gern, wir sind die Köhler, wir machen das schwarze Holz, wir sind die Taglöhner, wir stechen Torf, wir sind die Heizer, wir schwitzen beim Ofen, wir sind besoffen, das danken wir dem Graf, herrlich sind wir und frei – und ich, ein alter Handlanger, der nicht mehr stehen kann in seinen Stiefeln, ich hebe meinen leeren Becher und rufe aus diesem Mund, der keine Zähne mehr hat: Lang lebe der Graf!

EINIGE Er lebe. Er lebe . . .

EINER Woher kommt dieser Feuerschein?

EINER Und lang lebe die Gräfin!

EINIGE Sie lebe. Sie lebe . . .

Auftritt der Staatsanwalt mit Inge.

STAATSANWALT Hoch lebe der Köhler im Wald!

Alle jubeln.

Lang ist die Nacht, kurz ist das Leben, verflucht ist die Hoffnung, heilig der Tag, und es lebe ein jeder, wie er will, herrlich sind wir und frei.

Alle jubeln.

Warum trinkt ihr nicht?

EINER Wo bleibt der Schnaps?

Stille

STAATSANWALT Eure Becher sind leer?

EINER Kein Tropfen mehr –

STAATSANWALT So war es das letzte Mal, Brüder, daß wir zusammen getrunken haben.

EINER Das soll er nicht sagen!

EINER Was sagt er?

EINER Er hat uns versprochen, so geht es immer!

EINER Wieso das letzte Mal?

STAATSANWALT Ich habe versprochen: Einmal werdet ihr leben, es fließt euch die Milch, solang ihr nicht fragt, woher sie kommt, und es fließt euch der Honig, solang ihr nicht fragt. Nehmt alles zusammen, so habe ich gesagt, und bringt es hieher, wir wollen es essen, trinkt euren Branntwein, ohne zu sparen, zur Feier des Tages, und wenn ihr den letzten Tropfen bringt und keiner fragt, was nachher wird –

EINER Da hat er ihn, Graf, unseren letzten Tropfen!

STAATSANWALT Ich habe versprochen: Freude wird herrschen, solang ihr nicht fragt, und war es nicht da, was ich versprochen habe?

EINER Wahrhaftig, ja aus unserm Keller!

STAATSANWALT War die Freude nicht da?

Der Gaul wiehert.

EINER Der Graf hat recht, es war eine Woche, so eine haben wir noch nicht erlebt, sagt, was ihr wollt, es lebe der Graf!

INGE Komm.

STAATSANWALT Warum hat man gefragt, wer ich bin? Ich habe mein Versprechen gehalten, ihr aber nicht. Warum ist man ins Nachbardorf gegangen, um nachzuforschen, ob ich dort mein großes Wort gehalten habe? Es gehen Gerüchte, ich weiß, das Nachbardorf sei niedergebrannt. Warum traut ihr mir nicht? Es hocken Leute unter euch, die ein Netz nach mir werfen –

INGE Komm.

Der Gaul wiehert.

STAATSANWALT Es wird euch nicht gelingen!

EINER Ich versteh kein Wort –

EINER Was sagt er –

STAATSANWALT Löscht eure Hütten!

Feuerschein

EINER Verschwunden ist er.

EINER Wir sind verraten und verlumpt.

EINER Feuer – Feuer . . . wir sind besoffen, und aus unsern Hütten schlägt das Feuer . . .

EINER Wir sind besoffen . . .

EINER Und aus unsern Hütten schlägt das Feuer.

6. Lebenslänglich

Gefängniszelle. Der Mörder sitzt auf der Pritsche.

MÖRDER Ich weiß nicht, ob es Montag ist oder Freitag. Warum soll ich Reue zeigen? Vielleicht ist heute gerade Montag. Wenn ich hinauskäme, was wäre verändert? Wenn ich eure Mauern sehe, manchmal meine ich, man müßte nur aufstehen – wortlos – und eure Mauern fielen mir wie Staub von den Schultern. Aber wohin soll ich gehen? Das Schönste, was ich erlebt habe, war der Freitag. Wenn man weiß: morgen ist Samstag. Denn am Samstag arbeitet man noch und weiß: morgen ist Sonntag. Am Sonntag war fast immer ein Fußballspiel, aber schon in der Pause, wenn ich Würstchen aß, war es gräßlich, das wußte ich. Man vergißt es bloß, solange sie spielen. Schon in der Pause wußte ich: morgen ist wieder Montag, und alles fängt von vorne an. Und nachher, wenn man vom Fußball nachhaus schlendert, sah man die Menschen, wie sie Gebäck kaufen und Kuchen. Das einzige, glaube ich wirklich, war der Freitag, wenn es gegen Abend ging. Einmal wurde ich geliebt. Sie war ein junges Ding, und auch damals wußte ich nicht, ob es Montag war oder Freitag, genau wie jetzt. Jeden Abend wartete sie vor dem Ausgang unsrer Bank, auch wenn es regnete. Das ging fast dreiviertel Jahr. Dann hatte sie genug von mir, denn sie war ein junges Ding und hatte einen andern, so daß ich eifersüchtig wurde und gemein, und das ist das einzige, was ich bereue. Ihren Namen werde ich niemals sagen. Sonst holt man sie vors Gericht, so daß sie mich sieht, und wenn ich dann in Reue zusammenbreche, mißverstehen sie's. Auch ein Hauswart sei ein Mensch. Wer zweifelt daran! Manchmal im Gericht, wenn ich die vielen Leute sehe, vor allem die Geschworenen, die ihr Geschäft und ihre Werkstatt verlassen haben, damit Recht geschehe, dann empfinde ich es wie Trost: daß ihnen der Mensch so viel wert ist. Es war nicht vorauszusehen, solang er die Türe bediente, und niemand hat ihn bemerkt, bevor ich ihn erschlagen habe –

Man hört Schlüssel, eintritt der Wärter, der das Essen bringt.

Was gibt's Neues?

WÄRTER Nichts.

Der Wärter entfernt sich wieder, die Zelle wird geschlossen, der Mörder löffelt seine Suppe.

Halle eines großen Hotels. Der Concierge steht hinter seinem Pult, davor ein Gendarm. Der Concierge verteilt Post in die Schlüsselfächer.

GENDARM Ich tue bloß meine Pflicht.

CONCIERGE Ich auch.

GENDARM Sie wissen, daß Sie sich strafbar machen.

CONCIERGE Strafbar ist man immer . . .

Ein Gast kommt aus der Bar.

Herr Direktor?

GAST Nummer dreihundertelf.

CONCIERGE Bitte schön, Herr Direktor, bitte schön.

Der Gast geht zum Lift.

Natürlich hat er Papiere. Wir sind ein Hotel erster Klasse, ich sage es zum letzten Mal, nicht eine Spelunke für Landstreicher. Soll ich die Herrschaften denn überfallen? Schon am ersten Abend habe ich gebeten, der Herr möge uns gelegentlich die Pässe geben –

GENDARM Gelegentlich!

CONCIERGE Ihr mit euren Papieren die ganze Zeit. Wenn ich jeden Tag nach den Pässen frage, was macht das für einen Eindruck? Die Herrschaften denken ja, wir sind ein Polizeistaat.

Ein Gast kommt aus dem Lift.

Herr Konsul!

GAST Post?

CONCIERGE Bitte sehr, Herr Konsul, bitte sehr.

Der Gast geht hinaus.

GENDARM Kurz und gut, wenn die Papiere bis morgen nicht in unsrer Hand sind, spätestens bis morgen um diese Zeit –

CONCIERGE Gut!

GENDARM Sonst mache ich mich selbst strafbar.

CONCIERGE Gut!

GENDARM Wieso zeigt er keinen Paß? Zimmer mit Bad und Balkon? das kann sich auch ein Hochstapler leisten, Frühstück ins Bett. Woher wissen Sie, daß er's nicht ist?

CONCIERGE Rebellen spielen nicht Golf.

GENDARM Hm.

CONCIERGE Nach meiner Menschenkenntnis.

Ein Boy kommt aus der Bar und bringt eine Karte.

Was soll das?

BOY Die Herrschaften, die den Grafen sprechen möchten. Die Herrschaften warten drüben in der Bar.

CONCIERGE Wird besorgt.

Der Boy geht in die Bar zurück.

GENDARM Graf? hat er gesagt –

Ein Gast kommt von draußen.

CONCIERGE Monsignore?

GAST Hundertachtundachtzig.

CONCIERGE Bitte schön, Monsignore, bitte sehr.

Der Gast geht zum Lift.

Ihr mit eurem Graf Öderland! Das ist ja zum Lachen. Graf Öderland mit der Axt in der Hand! Wenn unsre Polizei nichts andres zu tun hat, ich muß schon sagen, als einem alten Kindermärchen nachzulaufen –

GENDARM Kindermärchen?

CONCIERGE *nimmt das Telefon ab:* Monopol. Ich verbinde. Wie bitte? Ich verbinde mit der Reception. *Er drückt und hängt auf.*

GENDARM Das ist nicht zum Lachen, drei Gendarmen erschlagen, das nennen Sie ein Kindermärchen, einfach mit einer Axt erschlagen, das ist Tatsache, man hat Bilder gesehen, und jetzt sind es vielleicht an die hundert –

CONCIERGE Vorher sagten Sie: an die tausend.

GENDARM Wenn's so weitergeht.

47

CONCIERGE In der Zeitung steht, man soll keine Gerüchte verbreiten, Herr Wachtmeister, und daran halte ich mich.

GENDARM Ich sage ja bloß, was ich selbst gehört habe. *Er lehnt sich über das Pult und flüstert:* Mein Schwager, der Briefträger ist, hat gestern gehört, in den Wäldern ist schon ein halbes Heer versammelt: versteckt, wissen Sie, unsichtbar.

CONCIERGE Was für ein Heer?

GENDARM Taglöhner, Köhler, Handlanger, was Sie wollen, und Tag für Tag werden's mehr, ein ganzes Heer, sogar Weiber sind dabei, heißt es, Dienstmädchen, Kellnerinnen, Huren.

Der Concierge lacht.

Ab morgen streiken die Dockarbeiter.

CONCIERGE Ist das wahr?

GENDARM Steht im Abendblatt.

Ein Mann ist in die Halle getreten, ein Fahrer mit Lederjacke und Schirmmütze, die er nicht abzunehmen gedenkt.

CONCIERGE Was wünschen Sie hier?

Der Fahrer steckt sich eine Zigarette an.

Was Sie wünschen – mein Herr?

FAHRER Ich warte auf jemand. –

Man hört Musik aus der Bar.

GENDARM Kurz und gut, wenn die Papiere nicht bis morgen in unsrer Hand sind, spätestens morgen um diese Zeit –

CONCIERGE Das sagten Sie schon.

GENDARM Ich tue nur meine Pflicht.

CONCIERGE Ich auch.

Inge, gekleidet als Dame von Welt, tritt aus dem Lift.

INGE Ist der Graf noch nicht zurück?

CONCIERGE Bedaure, Gräfin, bedaure.

INGE Seltsam.

CONCIERGE Frau Gräfin wünschen die Abendzeitung?

Inge bekommt die Abendzeitung und setzt sich.

GENDARM Ist das die Dame?

CONCIERGE Scht.

GENDARM Und wer ist dieser Fahrer?

CONCIERGE Fragen Sie ihn doch selbst.

Das Telefon klingelt.

Monopol. Selbstverständlich, Herr Direktor, sofort, Herr Direktor, selbstverständlich.

Der Gendarm tritt zum Fahrer.

Taxi!

Der Fahrer steht und raucht vor sich hin.

GENDARM Haben Sie Papiere?

Der Fahrer gibt seine Ausweise, ohne sie suchen zu müssen, wortlos, gelangweilt, verächtlich, ohne die Zigarette aus dem Mund zu nehmen.

Danke.

Auftritt der Staatsanwalt mit der Ledermappe.

INGE Da bist du ja!

STAATSANWALT Post?

CONCIERGE Bedaure, Herr Graf, bedaure.

Der Staatsanwalt sieht den Gendarm.

Die Herrschaften wegen der Jacht lassen sagen, sie erwarten die Herrschaften nebenan in der Bar.

STAATSANWALT Suchen Sie mich?

GENDARM Ich –

STAATSANWALT Sind Sie nicht Gendarm?

GENDARM Natürlich –

STAATSANWALT Finden Sie? Es gibt Berufe, die ich natürlicher finde. Bienenzüchter zum Beispiel! Aber im Ernst gesprochen: Woher kenne ich Sie?

GENDARM Mich?

STAATSANWALT Ich habe das Gefühl, wir sind uns schon begegnet. Stimmt's? Aber ich erinnere mich nicht, wo das gewesen sein kann. Waren Sie einmal Bienenzüchter?

GENDARM Bienenzüchter –?

STAATSANWALT Ein schöner Beruf.

GENDARM Sicher, Herr Graf –

STAATSANWALT Sie sind nicht gerne Gendarm?

GENDARM Offen gesprochen –

STAATSANWALT Das kann ich verstehen.

CONCIERGE Bitte schön, Herr Graf, die Bar ist hier!

STAATSANWALT Das kann ich verstehen.

Er nimmt keine Notiz davon, daß der Concierge auf die Bar weist, wo ein Boy auch schon die Türe offenhält, sondern bleibt in nachdenklicher Teilnahme stehen.

Sie sind nicht gerne Gendarm und trotzdem bleiben Sie Gendarm?

GENDARM Das ist's ja, Herr Graf.

STAATSANWALT Sie haben Familie?

GENDARM Und wie.

STAATSANWALT Ich kenne das.

GENDARM Wenn unsereiner tun und lassen könnte, was er möchte, Herr Graf –

STAATSANWALT Was möchten Sie denn?

GENDARM Aber eben – das geht halt nicht . . .

STAATSANWALT Warum nicht?

GENDARM Tja, warum nicht . . .

STAATSANWALT Kurz ist das Leben.

Er hat sich eine Zigarre genommen, die er sich nun richtet.

»Kurz ist das Leben, und groß ist die Nacht, verflucht ist die Hoffnung auf den Feierabend, heilig der Tag, solang die Sonne scheint, und es lebe ein jeder, solang die Sonne scheint: Herrlich ist er und frei.«

Er hat die Zigarre in den Mund gesteckt.

Haben Sie Feuer?

GENDARM Oh –

STAATSANWALT Warum kommen Sie nicht mit uns?

INGE Können Sie kochen?

STAATSANWALT Als Matrose oder Koch, ja, wenn Sie Lust dazu haben. Wir fahren nach Santorin, sobald ich die Jacht habe. Spätestens morgen.

GENDARM Die Herrschaften scherzen –

STAATSANWALT Oder gefällt dir sein Gesicht nicht?

INGE Aber ja.

STAATSANWALT Ihr Gesicht gefällt uns.

GENDARM Herr Graf, Lust hätte ich schon –

STAATSANWALT Aber?

GENDARM Wenn man bloß Urlaub hätte!

STAATSANWALT Urlaub von wem?

GENDARM Und die Erlaubnis zur Ausreise.

STAATSANWALT Nichts leichter als das!

GENDARM Das sagen Sie so.

STAATSANWALT Das Meer ist offen.

GENDARM Ich bin selbst Gendarm, wissen Sie, ich kenne die Vorschriften. Ich weiß, was geschieht, Herr Graf, wenn einer keine Papiere auf sich hat.

STAATSANWALT Papiere habe ich auch nicht.

GENDARM Sie können scherzen, Herr Graf –

STAATSANWALT Im Ernst.

GENDARM Und wenn die Zöllner mich schnappen?

STAATSANWALT – nehmen Sie eine Axt.

GENDARM – wie der in der Zeitung?

STAATSANWALT Nichts leichter als das.

Der Gendarm lacht gezwungen.

Nichts leichter als das.

GENDARM Oft kommt einer wirklich auf solche Gedanken, weiß der Teufel, auch wenn das nicht in der Zeitung stehen würde. Sie haben recht! Zum Glück hat der Mensch nicht immer eine Axt bei der Hand.

STAATSANWALT Ich habe immer eine.

Der Gendarm lacht.

Hier in der Mappe.

Hereinkommt der Boy.

CONCIERGE Wieso kommt kein Taxi?

BOY Sie stehen da, aber fahren nicht.

CONCIERGE Wieso nicht?

BOY Ich pfeife, aber sie kommen nicht.

CONCIERGE Quatsch.

Der Concierge geht selbst hinaus.

GENDARM Spaß beiseite.

Er wischt sich den Schweiß aus der Mütze.

Es ist nicht zum Lachen, es ist Tatsache, drei Gendarmen erschlagen, bloß weil sie die Papiere verlangten –

STAATSANWALT Ich weiß.

GENDARM Und wo man hinkommt, die Leute reden davon, Schulkinder spielen Graf Öderland, habe ich selbst gesehen, und wenn's bloß die Schulkinder wären!

Er stellt sich so, daß der Fahrer nicht hören kann.

An die zweihundert Personen sind schon verhaftet, weil sie Äxte kauften. Das ist kein Gerücht. Äxte werden gekauft, ich sag Ihnen, wie noch nie. Da können die Zeitungen lang schreiben, man soll keine Gerüchte verbreiten. Eine Axt, ich bitte Sie, eine kleine und gewöhnliche Axt, die vor einem Monat noch sieben oder acht Kronen kostete, ich sage Ihnen, heute bekommen Sie keine anständige Axt unter zwanzig Kronen. Wenn Sie noch Glück haben! Das ist Tatsache. Und was, meinen Sie, bedeutet dieses Abzeichen, wenn man den Leuten ihren Rockkragen aufstülpt?

STAATSANWALT Abzeichen?

GENDARM Es ist nicht zum Lachen.

STAATSANWALT Abzeichen?

GENDARM So eine kleine Axt. Aus Blech. Das kann sich jedermann machen, wenn er zeigen will, daß er dafür ist.

Er stellt sich so, daß der Fahrer nicht hören kann.

Gestern kommt ein Bekannter zu mir, wagt kaum noch zu sprechen. Was ist denn? frage ich. Ein Hausbesitzer. Ich verkaufe! sagt er. Zu jedem Preis! Du bist wohl verrückt, sage ich, wieso? Und da erzählt er mir, wie er zu einem Mieter ging, um die Kündigung auszusprechen. Was sein gutes Recht ist! Aber der Mieter – was macht er? – so: stülpt seinen Rockkragen auf und grinst . . .

STAATSANWALT Hm.

GENDARM Soweit sind wir schon.

Der Concierge kommt zurück.

STAATSANWALT Kurz und gut, überlegen Sie es sich bis morgen, ob Sie mit uns kommen oder nicht. Spätestens bis morgen um diese Zeit.

Zum Concierge: Sagen Sie den Herrschaften in der Bar, ich komme in einer Minute.

Der Staatsanwalt und Inge entfernen sich mit dem Lift.

GENDARM Humor hat der Mensch!

CONCIERGE Warum haben Sie nicht seine Papiere verlangt?

GENDARM Wenn man so denkt, was man anfangen könnte mit diesem Leben, um die ganze Welt könnte man segeln, und was man hier in Wirklichkeit tut ...

Doktor Hahn und Elsa kommen aus der Bar.

DOKTOR HAHN Ist der Herr noch immer nicht gekommen?

CONCIERGE Soeben.

DOKTOR HAHN Haben Sie ihm meine Karte nicht gegeben?

CONCIERGE Er komme in einer Minute.

Am Telefon: Monopol. Schicken Sie sofort einen Wagen. Monopol. Aber sofort. Wie bitte? Monopol. Wieso? Ich versteh nicht. Was sagen Sie? Streik ...

Er hängt auf.

Er komme in einer Minute.

Der Gendarm hat sich entfernt.

ELSA Du glaubst, er ist es wirklich?

DOKTOR HAHN Wir werden sehen.

ELSA Ich habe Angst.

DOKTOR HAHN Was kann geschehen? Wenn er uns nicht erkennt – möglich ist alles bei diesem Geisteszustand – werden wir tun, als verkauften wir wirklich eine Jacht.

ELSA Hast du den Koffer?

DOKTOR HAHN Still! der Lift.

ELSA Gott im Himmel –

DOKTOR HAHN Schau nicht hin!

*Der Gast, der als Direktor angesprochen worden ist, tritt
aus dem Lift, gefolgt von einem Gepäckträger mit Gepäck.*

CONCIERGE Herr Direktor –

GAST Mein Wagen noch nicht da?

CONCIERGE Herr Direktor müssen entschuldigen –

GAST Was soll das heißen?

CONCIERGE Soeben habe ich erfahren, daß sämtliche Taxa-
meter streiken –

GAST Was?

CONCIERGE Herr Direktor müssen entschuldigen –

GAST Da steht aber einer! Vor der Türe.

Der Gepäckträger geht schon hinaus.

CONCIERGE Sind Sie der Fahrer von diesem Taxi?

FAHRER Warum?

CONCIERGE Wären Sie bereit –

FAHRER Ich warte auf jemand.

GAST Ich zahle, was Sie fordern!

CONCIERGE Herr Direktor muß zum Flughafen –

GAST Was Sie fordern!

FAHRER Ich warte auf jemand.

Der Staatsanwalt und Inge kommen aus dem Lift.

CONCIERGE Herr Graf, die Herrschaften –

STAATSANWALT Ah.

*Der Gast und der Concierge gehen hinaus, in der Halle
bleiben der Staatsanwalt und Inge, Doktor Hahn und Elsa,
abseits der Fahrer in der Lederjacke und mit der Schirmmütze auf dem Kopf.*

Sie sind die Herrschaften wegen der Jacht?

Doktor Hahn nickt.

Wo sind wir uns schon einmal begegnet?

DOKTOR HAHN Wie meinen Sie das?

STAATSANWALT Jedenfalls bin ich Ihnen verbunden, daß Sie
sich hierher bemüht haben. Sie gestatten, daß ich sogleich
zur Besprechung unsres Geschäftes übergehe?

Er weist auf die Polstersessel: Wollen Madame sich nicht setzen?

Er setzt sich als letzter und stellt seine Ledermappe auf seine Knie.

Was die Jacht betrifft – ich danke übrigens für die rasche Zusendung der Bilder – es ist durchaus, wovon ich seit Jahren schon träume.

Doktor Hahn bietet Zigarren an.

Partagas?

DOKTOR HAHN Sie kennen die?

STAATSANWALT Ihre Jacht – Danke sehr! – ich muß Ihnen sogar gestehen, daß sie, nach den Bildern zu schließen, eine überraschende Ähnlichkeit hat mit einer Jacht, die ich früher einmal besessen habe.

ELSA Ach.

STAATSANWALT Lang ist's her.

DOKTOR HAHN Hm.

STAATSANWALT Wo befindet sich diese Jacht?

DOKTOR HAHN Sie kann jeden Augenblick da sein.

STAATSANWALT Ich frage deshalb, weil ich diese Stadt binnen vierundzwanzig Stunden verlassen möchte. Wenn Ihre Jacht, woran ich nicht zweifle, den vorliegenden Bildern entspricht – es scheinen Bilder von einem Modell zu sein – bin ich zur Unterzeichnung eines Kaufvertrages sofort bereit. Ich nehme an, Sie haben etwas Schriftliches schon in der Tasche.

DOKTOR HAHN Das habe ich, ja, das habe ich.

STAATSANWALT Wir leben in der Papierzeit.

Doktor Hahn legt ein Schriftstück vor.

Madame kennen Santorin?

ELSA Santorin?

STAATSANWALT Ich kenne es nur von Bildern: – ein erloschener Krater im Meer, Felsen wie Blut und Kohle, so schwarz, so rot. Und hoch über der rauschenden Brandung: Die Stadt. Hoch über der schäumenden Brandung. Eine

Stadt wie aus Kreide, so weiß, so grell, emporgetürmt in den Wind und ins Licht, einsam und frei, trotzig, heiter und kühn, emporgetürmt in einen Himmel ohne Dunst, ohne Dämmerung, ohne Hoffnung auf Jenseits, ringsum das Meer, nichts als die blaue Finsternis des Meeres ...

ELSA Und da wollen Sie hin?

INGE Da wollen wir hin.

ELSA Und was wollen Sie dort machen?

STAATSANWALT – leben, Madame.

Er nimmt das Schriftstück zur Hand.

Ohne Dämmerung, ohne Hoffnung auf ein andermal, alles ist jetzt, der Tag und die Nacht, das Meer, hier sind unsre Götter geboren, die wirklichen, hier sind sie aus den Fluten gestiegen, Kinder der Freude, Kinder des Lichts!

DOKTOR HAHN Das einzige, was ich von Santorin weiß, man liest es in den Zeitungen: daß es von Rebellen besetzt ist.

STAATSANWALT Rebellen?

ELSA Das habe ich auch gelesen.

STAATSANWALT Was nennen Sie Rebellen?

DOKTOR HAHN Feinde des Gesetzes, Feinde der Ordnung.

STAATSANWALT Und wenn es an der Ordnung liegt? Wenn sie nicht lebbar sind, eure Gesetze, sondern tödlich, wenn sie es sind, die uns krank machen?

DOKTOR HAHN Wie meinen Sie das. Herr – Graf?

Der Staatsanwalt überfliegt das Schriftstück.

Es ist alles, wie es in Ihrem ausführlichen Inserat gewünscht worden ist, sogar der Bug, genau laut Inserat.

STAATSANWALT Jacht mit drei Masten –

DOKTOR HAHN Jawohl.

STAATSANWALT Kajüte mit Zubehör –

DOKTOR HAHN Jawohl.

STAATSANWALT Alles in tadellosem Zustand –

DOKTOR HAHN Haben Sie Hafenpapiere?

STAATSANWALT Ich habe meine Axt.

Elsa erschrickt.

Wo käme man hin, Madame, ohne Axt. Heutzutage. In dieser Welt der Papiere, in diesem Dschungel von Grenzen und Gesetzen, in diesem Irrenhaus der Ordnung... Haben Sie einen Kugelschreiber?... Ich kenne eure Ordnung. Ich bin in Öderland geboren. Wo der Mensch nicht hingehört, wo er nie gedeiht. Wo man aus Trotz lebt Tag für Tag, nicht aus Freude. Aus Trotz, aus Tugend. Wo man die Schöpfung bekämpfen muß, damit man nicht erfriert und verhungert. Früchte der Arbeit, das sind die einzigen, die es in Öderland gibt. Es wächst uns die Muße nicht an Bäumen, die heitere, angstlose, freie, die der Anfang ist von allem, was Mensch heißt. Nichts ist Geschenk, alles bleibt Lohn. Und alles ist Pflicht. Und Überwindung ist das Höchste, was man sich denken kann, dort wo ich geboren bin. Überwindung und Verzicht. Man macht sich ein Gewissen daraus, daß man lebt, und jeder sucht nach einem Sinn, nach Ersatz für die Freude, die im Nebel nicht gedeiht. Denn unser Sommer ist kurz, und wehe dem Menschen, der sich der Lust ergibt, wo sie nicht ausreicht, weil die Sonne nicht ausreicht. Wehe! wenn wieder die Dämmerung kommt, wenn alles vergraut, und der Nebel, wenn alles ohne Maß ist, unwirklich, und es kommen die Gespenster der Verantwortung, es wuchert das Gewissen, bis man erstickt – oder ausbricht...

Der Staatsanwalt unterzeichnet, seine Rede abbrechend wie jemand, der sich unverstanden sieht, gelassen und in der Art eines Mannes, der täglich viel unterzeichnet. Dann gibt er den Kugelschreiber zurück an Elsa. Unterdessen hat Doktor Hahn in den Koffer gegriffen: das bekannte Schifflein mit den Segeln aus Pergament, das der Hellseher besichtigt hat, steht auf dem Tisch, als der Staatsanwalt von dem unterzeichneten Schriftstück aufschaut.

Was – ist – das...

DOKTOR HAHN Ihre Jacht.

STAATSANWALT Hahn? Doktor Hahn?

DOKTOR HAHN Ja.

STAATSANWALT Daß Sie ein Verhältnis haben mit meiner Frau, ich habe es nicht gewußt, aber vermutet, mein Freund.

ELSA Du mußt etwas sagen!

STAATSANWALT Was macht denn ihr hier?

Er lacht und spricht zu Inge:

Ein Verhältnis am Nachmittag, weißt du, Leidenschaft nach Kalender, nämlich wenn ich zu einer Tagung reise Schau sie dir an! Das ist in unsern Kreisen das Leben: Abenteuer nach Stundenplan, verstehst du, Umarmung mit dem Blick auf die Armbanduhr, denn ich war immer sehr pünktlich, heißt es, sehr ordentlich –

ELSA Und das, Erich, läßt du dir gefallen?

DOKTOR HAHN Darum geht es jetzt nicht.

ELSA Sondern?

STAATSANWALT Um die Ordnung, Madame.

Er greift gelassen nach seiner Mappe.

Man möchte mich verhaften, Madame, aber es wird nicht gelingen, euch nicht –

Ohne Hast, nicht anders als ein Aktenstück, das fällig geworden ist, nimmt er die Axt aus der Mappe, Doktor Hahn und Elsa bleiben sitzen, als glaubten sie es nicht.

– euch nicht . . .

ELSA Martin.

Sie springt auf.

Er ist verrückt!

DOKTOR HAHN Machen Sie keinen Unsinn!

Er springt auf.

Polizei, Polizei –

ELSA Hilfe –

DOKTOR HAHN Martin –

ELSA Polizei –

DOKTOR HAHN Hilfe –

Elsa und Doktor Hahn fliehen in die Bar, man hört die

Panik in der Bar, ein Durcheinander von stürzenden Stüh-
len, Rufe vieler Stimmen: Polizei, Polizei.

STAATSANWALT Das, genau so, habe ich schon einmal geträumt.

Der Concierge kommt zurück und sieht den Herrn mit der
Axt, schreit und hebt die Hände hoch, weicht, draußen
ruft er: Polizei, Polizei.

FAHRER Ich fahre Sie.

STAATSANWALT Wer sind Sie?

Fahrer stülpt den Rockkragen auf.

STIMMEN Polizei, Hilfe, Polizei ...

Gefängniszelle. Der Mörder sitzt auf der Pritsche und löffelt seine Suppe. Stille, dann Gerassel von einem Schlüsselbund. Eintritt eine Kommission von fünf Herren, alle mit Mantel und Hut, einer in Uniform.

KOMMISSAR Meine Herrn, Sie haben den Tatort gesehen. Sie haben die Axt gesehen. Sie befinden sich jetzt in der Zelle des Mörders.

MÖRDER Grüß Gott.

KOMMISSAR Das einzige Fenster, wie Sie sehen, blickt in den leeren Himmel. Zeichen auf die Straße hinaus sind unmöglich. Auch hievon können die Herren sich selbst überzeugen. Nach Ansicht des Sicherungsdienstes ist die immer wieder auftauchende Vermutung, daß eine Verbindung mit der Außenwelt bestehen könnte, als unhaltbar zu bezeichnen. Im übrigen sind die verehrten Herren gebeten, Ihre Fragen an den Häftling persönlich zu richten.

Pause

Selbstverständlich ist der Häftling auf diesen Besuch in keiner Weise vorbereitet worden.

Pause

Was ich noch bemerken darf: Sie sehen die Handschellen, eine Maßnahme, die sonst nicht üblich ist. Der Sicherungsdienst hat sich dazu entschlossen, nachdem es dem Sträfling 112 gelungen ist, wie Sie wissen, durch die Kanalisation zu entkommen. Die Herren sehen auch daran, daß alles getan wird, um Ruhe und Ordnung sicherzustellen.

DIREKTOR Tja.

KOMMISSAR Herr Direktor?

DIREKTOR Man hat diesen Mord auf alle Arten zu erklären versucht. Mit Psychologie und was weiß ich. Als Vertreter der Wirtschaft möchte ich immerhin daran erinnern, daß dieser Mord nicht in einem Wald verübt worden ist, nicht in einem Schlafzimmer, sondern in einer Bank.

Der Mörder nickt.

In den Akten steht die Bemerkung, der Mörder verstehe nichts von Geld. Wenn der Herr Kommissar gestatten, möchte ich den Mörder fragen: wieso versteht er nichts von Geld, nachdem er vierzehn Jahre lang in unsrer Bank-Union gearbeitet hat. Was gibt es daran nicht zu verstehen?

KOMMISSAR Antworten Sie.

MÖRDER Das Geld – überhaupt . . . Woher das kommt, wohin das geht. Die einen bringen es, die andern holen es. So Tag für Tag. Die einen zum Beispiel arbeiten, weil sie Geld brauchen, und die andern verdienen es, weil das Geld für sie arbeitet.

DIREKTOR Was wollen Sie damit sagen?

MÖRDER Der Ausdruck ist nicht von mir.

KOMMISSAR Antworten Sie.

MÖRDER Einmal habe ich einen Kunden gefragt, als ich seinen Zins ausrechnete, und er wartete so. Meistens plauderten wir übers Wetter. Aber einmal habe ich ihn gefragt, wissen Sie, im Spaß.

DIREKTOR Was?

MÖRDER Rundheraus.

DIREKTOR Was haben Sie gefragt?

MÖRDER Wie man das mache, daß man ein solches Einkommen hat jeden Monat. Er nahm's nicht übel, sondern lächelte, er büschelte die Scheine und sagte: Weil das Geld für mich arbeitet.

DIREKTOR Und?

MÖRDER Eine bessere Erklärung habe ich nie bekommen. Es überzeugte mich durchaus, aber mit Augen gesehen habe ich es nie, wie das Geld arbeitet. Entweder habe ich Geld gesehen oder Arbeiter –

DIREKTOR Danke.

MÖRDER Ich bin ein Augenmensch –

DIREKTOR Das genügt. –

Pause

KOMMISSAR Wem darf ich weiter das Wort geben?

INNENMINISTER Meine Herren –

KOMMISSAR Herr Innenminister!

INNENMINISTER Dieses Verhör wird zwecklos sein wie alle andern. Der Täter hat in vollem Umfang gestanden, ohne Reue zu zeigen. Schon das, meine Herren, beweist Ihnen deutlich genug, daß er seine verbrecherische Tat sozusagen als sinnvoll betrachtet –

MÖRDER Wieso?

INNENMINISTER – sinnvoll im Dienst einer Sache, die ich nicht näher benennen muß. Trotz seiner Einzelhaft weiß er genau, daß er nicht der einzige ist, der zur Axt gegriffen hat. Es ist nicht übertrieben, meine Herren, was ich im Parlament gesagt habe: Die Axt ist zu einem Zeichen geworden, zum Zeichen der Empörung und des Aufruhrs. Der Boden unsres Vaterlands ist unterhöhlt, in den Kanälen unsrer Stadt verbergen sich tausende und abertausende, um auszubrechen im Zeichen der Axt, auszubrechen gegen uns, meine Herren, auszubrechen aus Gesetz und Ordnung, geführt von einem Geisteskranken, der vor nichts zurückschreckt.

KOMMISSAR Darf ich die Herren ersuchen, bei der Sache zu bleiben und sich auf Fragen zu beschränken, die den Häftling selbst betreffen.

INNENMINISTER Das, meine Herren, ist die Lage.

Pause

MÖRDER Was mich selbst betrifft, meine Herren –

KOMMISSAR Schweigen Sie.

GENERAL Wenn ich eine Frage stellen darf –

KOMMISSAR Herr General?

GENERAL Warum gerade eine Axt?

KOMMISSAR Antworten Sie.

GENERAL Warum gerade eine Axt?

MÖRDER – unsereins hat keine Kanonen.

KOMMISSAR Sie haben hier keine Witze zu machen.

GENERAL Warum gerade eine Axt? frage ich, und meine zweite Frage: Sie wissen, daß die Bande, die Herr Innenminister eben erwähnt hat, eine Art von Wappen besitzt, das sie überall anzubringen beliebt, und dieses Wappen ist eine Axt, eine schwarze Axt, oder wollen sie uns weismachen, daß Sie von alledem nichts wissen?

MÖRDER Ich weiß nicht, wovon Sie sprechen.

GENERAL Sonnenblume, Nachtigall, Vergißmeinnicht, Amsel, Löwenzahn, Libelle, Holunder, Heuschrecke – nie gehört?

MÖRDER Was soll das heißen?

GENERAL Und von Graf Öderland: keine Ahnung?

MÖRDER Graf Öderland . . .

GENERAL Nie gehört? Nie gehört?

MÖRDER »Graf Öderland geht um die Welt,
Graf Öderland geht mit der Axt in der Hand.«

KOMMISSAR Genug.

MÖRDER Sie meinen das Kindermärchen?

INNENMINISTER Ich habe es Ihnen vorausgesagt, meine Herren. Schade um die Zeit. Jeder macht ein dummes Gesicht und meint, man merke die Schulung nicht.

KOMMISSAR Wer möchte noch eine Frage stellen?

INNENMINISTER Schade um die Zeit.

MÖRDER Wenn ich etwas fragen darf: –

KOMMISSAR Das Verhör ist beendet.

Die Kommission will aufbrechen.

MÖRDER Warum ziehen die Herren ihren Hut nicht ab?

Eintritt Doktor Hahn, vom Wärter begleitet.

KOMMISSAR Was wünschen Sie hier?

Er liest den Brief, den Doktor Hahn überbringt, und gibt ihn weiter an die andern Herren der Kommission, er wartet, bis alle das Schreiben gelesen haben, dann zum Mörder:
Sie sind begnadigt.

MÖRDER Ich? Wieso?

DOKTOR HAHN Sie können gehen.

MÖRDER Wohin?

KOMMISSAR Nehmen Sie die Handschellen ab.

DOKTOR HAHN Sie sind frei.

MÖRDER Was heißt das?

DOKTOR HAHN Frei!

Der Mörder steht ratlos.

KOMMISSAR Sie können gehen.

MÖRDER Ist das wahr?

Er sieht, daß der Kommissar seinen Hut abnimmt, und gibt ihm die Hand, und so mit allen andern Herren: Guten Abend ... Guten Abend ... Guten Abend ... Guten Abend ...

Der Mörder geht.

INNENMINISTER Was soll das bedeuten?

KOMMISSAR Amnestie.

INNENMINISTER Soll das bedeuten, daß wir uns schon fürchten?

Kaverne in der Kanalisation. Ein feuchtes und schimmliges Backsteingewölbe, eine Eisenleiter, eine verrostete Eisentüre, eine nackte Glühbirne am Draht, man hört das monotone Rauschen der Kanäle. Inge liegt in einer Ecke, bedeckt mit ihrem Pelzmantel. Ein junger Mann hält offenbar Wache, eine Maschinenpistole im Arm.

INGE Hast du ihn gesprochen?

STUDENT Ja, Gräfin.

INGE Und du hast ihm gesagt, daß ich krank bin, daß ich nicht mehr stehen und gehen kann?

STUDENT Ja, Gräfin.

INGE Was hat er gesagt?

STUDENT Es sei keine Zeit, um krank zu sein.

Pause

INGE Du glaubst noch daran?

STUDENT Ja, Gräfin.

INGE Sag nicht immer Gräfin, das ist doch Unsinn. Gräfin! und dabei leben wir in einer Kloake, und sobald einer die Tür aufmacht, stinkt es nach Abwasser... Und das nennt sich Santorin! – Heute tost es lauter als je.

STUDENT Droben regnet es. Ein schwerer Wolkenbruch, heißt es, drum das viele Wasser. In einzelnen Schächten geht es bereits über die Stege. Die Leute stehen bis zur Brust im Wasser.

INGE Und das nennt sich Santorin!

Der Student schweigt.

Wir sind verloren, glaube ich.

Der Student schweigt.

Was bist du gewesen?

STUDENT Student.

INGE Warum bist du dabei?

STUDENT Es muß etwas geschehen –

Eintritt ein Mann.

Wer da?

MANN Nur die Ruhe, nur die Ruhe.

STUDENT Losungswort?

MANN Nachtigall.

Er zieht den Mantel aus und trägt das gestreifte Sträflings-kleid.

Ich muß ihn sprechen, es ist dringend.

STUDENT Er kommt sogleich.

STRÄFLING Ich komme von droben.

STUDENT Lebensmittel?

STRÄFLING Nichts.

Man hört ferne Schießerei in den Kanälen.

STUDENT Der Regen hat noch nicht nachgelassen?

STRÄFLING Im Gegenteil.

STUDENT So eine Sintflut ...

Eintritt der Staatsanwalt in Ledermantel und Stiefeln, die Mappe in der Hand. Beide salutieren, während er den Mantel auszieht wie ein Boß, der ins Geschäft kommt.

STAATSANWALT Sie sind Sträfling Nummer 112?

STRÄFLING Jawohl, Graf.

STAATSANWALT Alles erledigt?

STRÄFLING Einigermaßen.

STAATSANWALT Was heißt das?

STRÄFLING Kann ich sprechen?

STAATSANWALT Später.

Man hört wieder die ferne Schießerei.

Wo steht die nächste Wache?

STUDENT Kanal Opernplatz.

STAATSANWALT Wer?

STUDENT Unbekannt.

STAATSANWALT Unbekannt?! Darauf soll ich mich verlassen.

STUDENT Sein Vorgänger ist gestern ausgefallen.

STAATSANWALT Gemeutert?

STUDENT Ich glaube nicht. Sie haben wieder gestaut, dann mußte er halt in die Dole hinauf. Er hat sich gewehrt. Ich habe es durch den ganzen Kanal gehört, wie sie gerufen haben. Es geschehe ihm nichts, haben sie wieder gerufen, wenn er sich ergebe. Dreimal. Und dann, plötzlich, hat er geschossen. Und die natürlich auch. Dann war es still.

STAATSANWALT Kanal Markthalle: wer steht dort?

STUDENT Der Fahrer.

STAATSANWALT Er soll zu mir kommen. Sofort. Aber es wird nicht gerufen, verstanden? Droben hören sie jedes Wort, das hat sich erwiesen.

STUDENT Zu Befehl.

STAATSANWALT Sonst lassen Sie niemand herein; wer auf Anruf nicht stehen bleibt, wird erschossen.

Der Student geht. Einen Augenblick lang hört man durch die offene Türe wieder das Tosen. Der Staatsanwalt richtet sich eine Zigarre.

Sie haben eine vollkommene Blockade erreicht. Unsere Lebensmittel sind zu Ende. Jede Straßendole ist bewacht, und heute haben sie es wieder mit Tränengas versucht. Dazu diese Sintflut von Gewitter! Die Kanäle in der Innenstadt sind verloren. Ich habe es mit eignen Augen geschen, wie die Strömung sie einfach mitreißt ... Der Sender wiederholt es jetzt jede Stunde: Ich soll mich ergeben. Oder genauer: Die Leute sollen mich ausliefern, lebendig oder tot. Wenn nicht, werde die ganze Kanalisation gestaut – Frist auf heute Mitternacht – und siebentausend Leute werden wie die Ratten ersaufen.

Er raucht.

Was haben sie erreicht?

STRÄFLING Es gibt zwei Punkte, wo es möglich ist.

STAATSANWALT Nämlich?

STRÄFLING Zwischen Schmetterling und Löwenzahn.

STAATSANWALT Unter dem Dom?

STRÄFLING Unter dem Kloster.

STAATSANWALT Und sonst?

STRÄFLING Zwischen Forelle und Vergißmeinnicht.

STAATSANWALT Wo ist denn das?

STRÄFLING Beim Friedhof draußen.

STAATSANWALT Hm.

Er raucht.

Nitro haben wir noch?

STRÄFLING Nur noch für eine einzige Sprengung.

STAATSANWALT Das genügt.

Er betrachtet den Stadtplan.

Kanal Heuschrecke: wie steht es dort?

STRÄFLING Das ist der Kanal unter der Residenz –

STAATSANWALT Fragen Sie, ob er unter Wasser ist, und melden Sie es mir sofort.

Der Sträfling geht.

INGE Was hast du vor?

STAATSANWALT Ich ergebe mich nicht. Man läßt mir keine Wahl. Ich habe keinen andern Ausweg mehr, Kind, als die Macht zu ergreifen –

Eintreten der Student und der Fahrer.

FAHRER Sie haben mich bestellt.

STAATSANWALT Ich habe Sie bestellt. Seit Stunden schon höre ich die Schießerei, aber keine Meldung, was diese Schießerei zu bedeuten hat. Ich kann es mir allerdings denken.

FAHRER Die Lage ist ernst –

STAATSANWALT Weiß ich.

FAHRER Unsre Lebensmittel sind zu Ende –

STAATSANWALT Weiß ich.

FAHRER Ebenso der Sprengstoff. Wenn sie noch einmal stauen, werden wir wie die Ratten ersäuft.

STAATSANWALT Weiß ich.

FAHRER Wir sind ungefähr siebentausend Leute.

STAATSANWALT Und die Mehrzahl dafür, mich auszuliefern.

FAHRER Um nicht zu ersaufen.

STAATSANWALT Das begreife ich.

Pause

Was schweigen Sie? Sie sind der Fahrer, der mein Leben gerettet hat. Ich weiß! Sie haben sich irgendetwas davon versprochen und sind enttäuscht. Jetzt erwarten Sie, daß ich Ihnen mein Leben zurück erstatte. Ich denke nicht daran –

Der Fahrer zieht seinen Revolver.

Ich denke nicht daran. Schießen Sie, wenn Sie den Mut haben. Ich habe Sie bestellt, Sie und keinen andern, weil ich weiß, daß Sie es sein werden, der im Lauf dieses Tages kommen wird, um im Namen von siebentausend Leuten mein Leben zu fordern, Sie und kein andrer. Sie sehen, Sie sind erkannt. Die Menschen, denen ich mein Leben verdanke, sind mir nie geheuer gewesen!

Er lacht.

Sie haben mit meinem Gewissen gerechnet, Sie haben gehofft, Sie können mich aufhängen an meiner Dankbarkeit?

Er raucht.

Warum schießen Sie nicht?

Er klopft die Asche ab.

Ich fürchte das Sterben kaum, aber ich opfere mich nicht, solange ich lebe – aber Sie fürchten das Sterben, sehen Sie, und drum zittern Sie.

Er tritt zum Fahrer.

Geben Sie her!

Der Fahrer gibt den Revolver.

Dieser Mann wird gefesselt.

STUDENT Zu Befehl.

STAATSANWALT Nur für wenige Stunden.

Der Student fesselt den Fahrer.

FAHRER Verräter!

STAATSANWALT Ich habe einen Plan, um mich zu retten. Sie hätten ihn verhindert, um sich zu retten. Was heißt da Verräter? Ich bin Ihnen zuvorgekommen, das ist alles.

Der Fahrer steht gefesselt.

Warum eigentlich haben Sie nicht geschossen? Oft wundert es mich selbst, ob es wirklich nichts gibt, was mich zum Stehen bringt. Ich höre das Ächzen in den Bäumen und komme mir vor wie der Wind –

Eintritt der Sträfling.

Sie können sprechen.

STRÄFLING Kanal Heuschrecke begehbar.

STAATSANWALT Gut.

Er nimmt, nachdem er seine Zigarre ausgelöscht hat, den Mantel und die Mappe.

Kommen Sie!

Er knöpft den Mantel zu.

Haben Sie alles?

Der Staatsanwalt geht, gefolgt vom Sträfling.

INGE Und ich?!

FAHRER Wir sind verraten und verloren.

INGE Und ich?!

FAHRER Ihr alle.

STUDENT Weil ihr nicht an ihn glaubt –

*Saal in der Residenz. Alles in Gala, dazwischen Uniformen.
Musik aus ferneren Sälen. Zwei Herren, Kulturträger,
bleiben im Vordergrund stehen, jeder mit einem Teller in
der Hand.*

ERSTER Sie haben es auch gehört?

ZWEITER Die Kronleuchter haben nur so geklirrt.

ERSTER Was kann das gewesen . . .?

ZWEITER Scht.

ERSTER Wieder eine Sprengung?

Coco, eine Dame von Welt, geht durch den Saal.

Wer war diese Dame?

ZWEITER Coco.

ERSTER Der Kaviar ist tadellos.

ZWEITER Sie wissen nicht, wer Coco ist?

ERSTER Wenn man bloß den Teller einmal abstellen könnte –

Zwei Kellner kommen mit einem Tablett.

KELLNER Was wünschen die Herren zu trinken? Mosel, Rhein,
Champagner?

ZWEITER Champagner.

ERSTER Mir auch.

Die Kellner bedienen und gehen weiter.

Jetzt hat man überhaupt keine freie Hand mehr!

ZWEITER Sie sind zum ersten Mal in der Residenz?

ERSTER Ja.

ZWEITER Auch als Kulturträger?

ERSTER Sie auch?

ZWEITER Ich bin nicht abergläubisch, wissen Sie, aber Kaviar
ist immer ein böses Zeichen. Ich bin Musiker. Das ist das
dritte Regime, das mich zu Empfängen einlädt, aber eins

haben alle Regime gemeinsam: je kritischer die Situation, um so sicherer gibt es Kaviar.

Ein Kellner kommt mit einer Säule von Zigarrenschachteln.

KELLNER Was wünschen die Herren zu rauchen?

ERSTER Rauchen?

KELLNER Zigaretten? Zigarren?

ZWEITER Vielleicht später.

ERSTER Vielleicht später.

Der Zigarren-Kellner geht weiter.

ZWEITER Wovon haben wir gesprochen?

ERSTER Wer ist Coco?

ZWEITER Das wissen Sie nicht? Eine Dame. Sie wechselt die Regime, aber immer ist sie die erste Dame. Man sagt, sie ist das Glück. Wenn ein Mann sie gewinnt, ist er gemacht. Ich bin nicht abergläubisch, ich glaube nicht, daß Politik von Hexen gemacht wird. Coco hat einfach einen Sinn für den Mann, der an der Reihe ist. Das ist alles. Ein Weib! Wenn sie ihren Arm gibt, heißt das, daß dieser Mann schon gemacht ist –

Die beiden Kulturträger müssen sich zurückziehen, es kommen: der Innenminister, der Direktor, der General, der Kommissar und andere Herren der Regierung, geführt von Coco.

COCO Ich bitte Sie, meine Herren. Was macht das für einen Eindruck, wenn die Herren von der Regierung nicht essen und trinken? Das Ausland ist begeistert von unserem kalten Buffet. Es könnte von Rubens sein! hat jemand gesagt. Soll ich allein das ganze Ausland unterhalten? – Herr General!

Sie bietet ihren Arm an.

Geben Sie ein Beispiel!

Coco führt die Herren hinüber zum Buffet, nur der Innenminister und der Kommissar bleiben zurück.

INNENMINISTER Die Sprengung muß in nächster Nähe gewesen sein. Gestern haben Sie gemeldet, die Rebellen haben keinen Sprengstoff mehr, kein Gramm, und heute zittern die Kronleuchter in der Residenz.

KOMMISSAR Eine Untersuchung ist eingeleitet –

INNENMINISTER Und das heute, Herr Kommissar, das heute, wo wir das ganze Ausland empfangen, um zu zeigen, daß wir die Herren der Lage sind!

Der Kommissar schweigt.

Jemand behauptet schon, die Rebellen seien in der Residenz. Bitte! Er sei die große Treppe heraufgekommen – persönlich – und die Wache habe das Gewehr präsentiert und ihn durchgelassen.

Der Kommissar schweigt.

Sie lachen!

KOMMISSAR Durchaus nicht.

INNENMINISTER Kein Gerücht kann so blöd und kindisch sein, daß nicht die ganze Auslandspresse es meldet –

Coco kommt mit zwei gefüllten Tellern.

COCO Herr Minister!

INNENMINISTER Oh, Baronin, ich danke.

COCO Herr Kommissar!

KOMMISSAR Oh, Baronin, ich danke.

COCO Dies sind die Herren von der Auslandspresse –

Es kommt eine Gruppe von Herren, alle mit einem Teller in der Hand.

INNENMINISTER Ich freue mich aufrichtig, meine Herren, daß Sie sich durch die Detonation, wie ich sehe, in keiner Weise stören lassen. Eine Untersuchung ist bereits im Gange. Wie der Sicherungsdienst meldet, ist es nirgends zu weiteren Sprengungen gekommen.

KOMMISSAR Das steht fest.

INNENMINISTER Offensichtlich handelt es sich um einen letzten Versuch, unsere Bevölkerung zu verwirren, was nicht gelingen wird. Von einem Ausbruch der Rebellen kann nicht die Rede sein, wie Sie selbst sehen. Jedenfalls sind wir nach wie vor die Herren der Lage.

Zwei Kellner kommen mit einem Tablett.

KELLNER Was wünschen die Herren zu trinken? Mosel, Rhein, Champagner –

Verlegenheit der Auslandspresse

INNENMINISTER Nach Ihnen, meine Herren!

Sie bedienen sich.

Ich kann nur wiederholen, was ich schon ausgeführt habe. Bis zur Stunde ist unsrer Forderung nicht entsprochen worden, die Rebellen haben ihren Anführer nicht ausgeliefert. Insofern betrachte ich die Lage als unverändert, und es bleibt uns, so sehr ich als Mensch und Christ es bedaure, nichts andres übrig als die Gewalt, die rücksichtslose Säuberung.

KOMMISSAR Es ist siebzehn Minuten vor Mitternacht.

INNENMINISTER Als Innenminister bin ich verantwortlich für Ruhe und Ordnung. Auf unsrer Seite ist nicht nur das Recht, die Sittlichkeit, sondern auch die Mehrheit der Bevölkerung. Ich stütze mich auf das neue Gesetz zum Schutze des Staates. Wir haben alles getan, um Ruhe und Ordnung sicherzustellen. Ich wiederhole: –

Die Auslandspresse trinkt.

– wir haben den geheimen Sicherungsdienst, wir überwachen unsere Bürger von der Wiege bis zum Grab, jeder Verdächtige wird sorgsam und oft über Jahre beobachtet, wir haben die bewährten Fragebogen, wir haben den neuen Bürgerschein mit Fingerabdruck, wir haben alles getan, um die Feinde der Freiheit nicht aufkommen zu lassen, ich erinnere bloß an das Notrecht, das uns endlich erlaubt, auch den inländischen Briefverkehr zu überwachen, und hundert andere Maßnahmen der Vorsicht, niemand wird uns den Vorwurf machen, daß es uns an Wachsamkeit fehlt, wir haben die monatliche Meldepflicht vom sechzehnten Lebensjahr an, wir haben den sogenannten Arbeitsstempel, der jede Art von Arbeit der behördlichen Bewilligung unterstellt, wir haben die Winterhilfe, die

Altersversicherung, lauter Wohlfahrt, die uns die Zügel in die Hand gibt, wir haben das katholische und das protestantische Aufklärungsjahr, das Gesetz für Presse und Verlag, die amtliche Verteilung des Papiers, wir haben einen Kurzwellensender, der keine andere Aufgabe hat als die tägliche Widerlegung der täglichen Gerüchte – lauter Einrichtungen, die Millionen kosten! – und trotzdem, ich gebe es zu, trotzdem ist eine Rebellion entstanden auch in unserem Land.

KELLNER Mosel, Rhein, Champagner?

INNENMINISTER Meine Herren, es ist unsere Pflicht und Schuldigkeit, alles zu tun, was in unseren staatlichen Kräften steht, um der Rebellion ein Ende zu setzen. Noch sind wir die Herren der Lage.

Er nimmt sich auch ein Glas von dem Tablett, um den Kellner loszuwerden.

Ich sage: Noch sind wir die Herren der Lage –

Jetzt bemerkt der Innenminister, wohin alle schauen, und erblickt den Staatsanwalt, der als einziger keinen Teller und kein Glas in der Hand hält, dafür seine Ledermappe.

STAATSANWALT Ich bedaure das Aufsehen, das ich verursacht habe. Uns wurde nicht mitgeteilt, daß heute ein großer Empfang stattfindet. Auf alles war ich gefaßt, aber nicht auf eine Ehrengarde.

INNENMINISTER – – – wer sind Sie?

STAATSANWALT Das wissen Sie genau.

INNENMINISTER Wie kommen Sie hierher?

STAATSANWALT Das ist meine Sache, Herr Minister. Es ist nicht ohne Opfer gegangen, leider, auf beiden Seiten.

INNENMINISTER Mein Herr –

Hinzutreten der General und der Direktor, ebenfalls mit Teller und Glas, alle stehen starr.

STAATSANWALT Ich werde Sie nicht lange aufhalten, meine Herren, mein Vorschlag ist kurz und einfach. Es ist jetzt zehn Minuten vor Mitternacht, genau: 11.51.

DIREKTOR Sie sind der Anführer der Rebellen?

STAATSANWALT Nennen Sie mich nach Belieben.

GENERAL Sie sind zum Tode verurteilt.

STAATSANWALT Und Sie sind die Herren, die mein Todesurteil unterzeichnet haben?

INNENMINISTER Im Namen des Staatsrates –

Der Zigarren-Kellner kommt mit der Säule von Schachteln.

KELLNER Zigaretten? Zigarren?

KOMMISSAR Verschwinden Sie, Mensch.

STAATSANWALT Was haben Sie für Zigarren?

KELLNER Partagas, Henry Clay, Romeo y Julietta –

Der Staatsanwalt bedient sich.

Feuer?

STAATSANWALT Habe ich.

Der Zigarren-Kellner geht.

Was die Lage betrifft: im Augenblick bin ich der Schwächere. Das ist klar. Natürlich können Sie mich auf der Stelle verhaften, noch ist die Staatspolizei in Ihrer Hand...

Er zündet sich die Zigarre an.

Ich verlasse mich auf Ihre schlichte Vernunft.

Er raucht.

Wenn Sie mich hinrichten, bin ich tot – ich, aber nicht die Rebellion, und später wird Ihnen die Rebellion, das wissen Sie, kein Bündnis mehr antragen.

INNENMINISTER Bündnis?

Der Staatsanwalt raucht.

Was heißt hier Bündnis?

STAATSANWALT Verzicht auf jedes Blutvergießen. Sie übergeben mir die Residenz. Das Volk wird jubeln wie immer, wenn etwas geschieht. Sie übergeben mir die Staatspolizei, die Presse, den Kurzwellensender und alles übrige, und zwar sofort.

Totenstille

Ich hatte keinen andern Ausweg...

INNENMINISTER Ich habe dem Entscheid unsres Staatsrates nicht vorzugreifen, glaube aber sagen zu können, daß unser Staatsrat solange wir ihm angehören, nie und nimmer zu einem solchen Bündnis bereit ist.

STAATSANWALT Schade.

INNENMINISTER Es wäre ein Bündnis mit dem Verbrechen.

STAATSANWALT Was schlagen Sie vor?

INNENMINISTER Wir werden kämpfen –

STAATSANWALT Bis zum letzten Blutstropfen.

INNENMINISTER Ja!

STAATSANWALT Schade.

GENERAL Bis zum letzten Blutstropfen.

DIREKTOR Bis zum letzten Blutstropfen.

STAATSANWALT Ich hasse den Anblick von fließendem Blut.

Er raucht.

Wenn Sie die Legende, daß ich stets eine Axt in meiner Mappe trage, für eine Legende halten, meine Herren, sind Sie im Irrtum. Ich habe eine Axt in der Mappe. Die Erfahrung hat mich gelehrt, daß man anders nicht verhandeln kann –

Er sieht Coco.

Wer ist die Dame?

COCO Exzellenz?

STAATSANWALT Woher kennen wir uns?

COCO Kennen?

STAATSANWALT Zeigen Sie mir die Residenz?

Er bietet Coco seinen Arm.

Die Herren werden sich entscheiden: Bündnis oder nicht. Es ist die letzte Chance, die ich Ihnen bieten kann.

COCO Wohin, Exzellenz, soll ich Sie führen?

STAATSANWALT Führen Sie mich auf den Balkon.

Der Staatsanwalt und Coco entfernen sich.

INNENMINISTER Ein Irrsinniger! Habe ich es nicht immer gesagt? Ein Geisteskranker!

Trommelwirbel

Warum nimmt uns niemand die Teller ab?

Lärm der Menge

GENERAL Was ist los?

Trommelwirbel

KOMMISSAR Ihre Leute, General, die Ehrengarde präsentiert das Gewehr –

Trommelwirbel

Er steht auf dem Balkon – zeigt sich der Menge – er spricht – Hören Sie?

Ein frenetischer Jubel

INNENMINISTER Warum nimmt uns niemand die Teller ab! Das ist ja unmöglich. Warum nimmt uns niemand die Teller ab?

Mansarde, kleinbürgerlich, im Ehebett liegt eine Frau, und neben ihr sitzt der Mörder, der sich aufgerichtet hat, um zu horchen.

MÖRDER Jetzt ist es wieder still.

FRAU Was kann das gewesen sein?

Der Mörder steigt aus dem Bett.

Wohin willst du?

MÖRDER Schauen.

FRAU Paß auf, daß sie dich nicht sehen, im Radio haben sie gesagt: Wer keine Papiere hat –

Der Mörder tritt ans Fenster.

Kannst du etwas sehen?

MÖRDER Staub . . .

FRAU 's war wie ein Erdbeben.

MÖRDER Die Brücke. Sie haben die Brücke gesprengt. Wie das herunterhängt! Mitsamt den Geleisen.

Er nimmt sich eine Zigarette.

Damit halten sie's nicht auf . . .

FRAU Im ersten Augenblick, ich habe gemeint, das ganze Haus stürzt zusammen, so hat's geschüttelt.

MÖRDER Das Glas ist hin. Das Bild von deinem Mann – das ist's, was von der Wand gefallen ist.

Er sammelt die Scherben.

Nichts als Scherben . . .

Die Frau schluchzt.

Nicht traurig sein, Betty, nicht traurig sein. So ist das halt. Die Welt geht drunter und drüber. Der Mann meiner Schwester ist auch umgelegt worden. Und war ein feiner Kerl, Lehrer, sechsundzwanzig. Gefangen wurde er, genauer gesagt, und weil er hat fliehen wollen, haben sie ihn umgelegt. Und eine Woche drauf war schon der Friede. Aber einer von denen, die ihn umgelegt haben, ist zu meiner Schwester gekommen, ein Unteroffizier, hat sich um die Witwe gekümmert. Sonst wären wir damals verhungert. Und noch im selben Jahr haben sie geheiratet. Was ist dabei? Heut haben sie ein eignes Haus. Mit Eisschrank. Und einen Wagen und zwei Kinder . . .

FRAU Wenn er uns sehen könnte!

MÖRDER Dann wäre ich nicht hier. Wenn er uns sehen könnte, dann wäre er noch am Leben, dann wäre er selbst hier, und du brauchtest mich nicht.

FRAU O Gott!

MÖRDER Wohin mit den Scherben?

Die Frau schluchzt.

Wohin mit den Scherben? frage ich.

Er steht, beide Hände voll Scherben, während die Frau schluchzt, tritt zum Fenster und wirft die Scherben hinaus, setzt sich auf den Rand des Bettes.

In der Welt geht es auch drunter und drüber . . .

Es klingelt.

Wer kann das sein?

Schweigen

Um diese Stunde?

FRAU Bleib!

MÖRDER Der Milchmann?

Es klingelt.

FRAU Wir machen einfach nicht auf.

Schweigen

Du hättest die Scherben nicht auf die Straße werfen sollen, Wolfgang, das war zu blöd.

MÖRDER Wolfgang . . .

Er lacht und streckt sich aufs Bett.

Du weißt ja gar nicht, warum ich glücklich bin. Du bist nie im Gefängnis gewesen. Kannst es nicht wissen, warum ich glücklich bin. Im Gefängnis haben sie nie meinen Namen gesagt. Nie. Zuerst haben sie immer gesagt: Der Angeklagte. Dann haben sie gesagt: Der Mörder. Oder: Der Täter. In einer Zeitung haben sie gesagt: Das Scheusal. Und einmal hat mein Verteidiger gesagt: Menschenskind. Und in der Bank, damals, haben sie auch nie meinen Namen gesagt. Komisch. Dabei stand mein Name auf einem kleinen Schild: W. Schweiger. Einige sagten: Herr Schweiger. Im Militär sagten sie: Schweiger, Wolfgang. Das war ich. Im Gefängnis, später, als sie mir sagten: Lebenslänglich! habe ich mir nichts daraus gemacht, ich habe nicht geglaubt –

FRAU Scht.

Es klopft.

MÖRDER Dabei ist Wolfgang eigentlich ein schöner Name . . .

Es klopft.

STIMME Aufmachen!

FRAU Wer klopft?

STIMME Aufmachen!

FRAU Augenblick, ich komm ja schon, Augenblick, Augenblick . . .

Die Frau zeigt dem Mörder, wo er sich verstecken kann, und wirft sich einen Morgenrock über, bevor sie aufmacht; eintritt der Gendarm, der jetzt eine Maschinenpistole trägt.

GENDARM Ihre Papiere.

FRAU Wieso?

GENDARM Ich tue bloß meine Pflicht.

Die Frau kramt ihre Papiere hervor.

Hofmeier, Anna Elisabeth –

FRAU Ja.

GENDARM Geborene Svoboda –

FRAU Ja.

GENDARM Näherin –

FRAU Ja.

GENDARM Verheiratet mit Karl Anton Hofmeier, Hauswart –

FRAU Nein.

GENDARM Das steht aber hier.

FRAU Ja.

GENDARM Warum lügen Sie denn?

FRAU Mein Mann ist – gefallen ...

GENDARM Auf welcher Seite?

FRAU Das weiß ich nicht ...

GENDARM Gut.

Er gibt die Papiere zurück.

Und wo ist der Herr?

FRAU Der – Wer? – was für ein Herr denn?

GENDARM Der am Fenster gestanden hat.

Die Frau schüttelt den Kopf.

Der die Scherben geworfen hat.

Die Frau schüttelt den Kopf.

Sind das Ihre Hosen?

Die Frau verstummt.

Es hat keinen Zweck –

Der Mörder tritt aus seinem Versteck.

Sind Sie Herr Hofmeier?

MÖRDER Nein.

GENDARM Wer sind Sie?

FRAU Ich habe Ihnen doch gesagt –

GENDARM Ich frage diesen Herrn.

MÖRDER Sein Mörder.

GENDARM Was sagen Sie?

MÖRDER Die Wahrheit.

Pause

GENDARM Haben Sie Papiere?

MÖRDER Nein.

GENDARM Nehmen Sie Ihren Mantel!

MÖRDER Ich habe keinen Mantel –

GENDARM So können Sie nicht auf die Straße.

MÖRDER Ich komme aus dem Gefängnis –

GENDARM Nehmen Sie Ihre Hosen!

MÖRDER Ich bekomme ja Papiere.

Er nimmt die Hosen.

Anfang nächster Woche, haben sie gesagt.

Er zieht die Hosen an.

Ich leugne ja nichts. Was wollen Sie eigentlich? Ich sage ja, ich komme aus dem Gefängnis –

GENDARM Wieso?

MÖRDER Begnadigt.

GENDARM Das kann jeder sagen.

MÖRDER Gestern nachmittag.

GENDARM Wieso begnadigt?

MÖRDER Weiß ich nicht. Ich verstehe mich nicht auf Politik. Plötzlich haben sie mich freigelassen. Amnesie, oder wie das heißt, eine allgemeine Amnesie.

Der Gendarm ist ratlos.

Ich bin begnadigt. Das kann nicht jeder sagen. Wenn einer im Gefängnis ist, kann er nicht sagen, er ist begnadigt.

Er lacht über seinen matten Spaß.

Oder habe ich nicht recht?

GENDARM Was machen Sie hier?

FRAU Wegen der Wäsche.

MÖRDER Ich bin Junggeselle.

GENDARM Was wollen Sie damit sagen?

MÖRDER Frau Hofmeier hat mir die Wäsche geflickt. Immer schon. Ich mußte doch meine Wäsche holen.

GENDARM Deswegen sind Sie bei Frau Hofmeier?

MÖRDER Und weil ich kondolieren wollte, ja.

GENDARM Was wollten Sie?

MÖRDER Kondolieren.

Der Gendarm ist ratlos.

Amnesie, das ist Tatsache, im ganzen Land –

GENDARM Wo haben Sie die Nacht verbracht?

MÖRDER Hier –!

Die Frau wendet sich ab und verbirgt ihr Gesicht.

Das gab sich so ... Das Unglück hat uns zusammengebracht,

der Lauf der Zeit, wir redeten über Karl Anton – bis Mitternacht . . . wir haben einander leidgetan –

Die Frau schluchzt.

Was überhaupt geht Sie das an?!

GENDARM Nichts.

Pause

Sie haben also keine Papiere.

MÖRDER Nein.

GENDARM Dann nehmen Sie Ihren Mantel.

MÖRDER Das ist nicht meiner! sage ich.

GENDARM Trotzdem.

MÖRDER Ich komme aus dem Gefängnis, ich sage es ja, ich kann gehen, wohin ich will, ich bin frei.

GENDARM Ziehen Sie ihre Schuhe an!

Der Mörder starrt.

Aber vorwärts.

Der Mörder schweigt, indem er die Schuhe nimmt, in der Art eines Menschen, der einen geheimen Entschluß gefaßt hat, und zieht die Schuhe an.

FRAU Alles ist wahr, was er sagt.

GENDARM Es wird sich ja zeigen.

FRAU Er ist begnadigt! Das ist er! Wenn ich es Ihnen sage –

GENDARM Ich tue nur meine Pflicht.

Der Mörder ist fertig, der Gendarm führt ihn ab, indem er mit der Maschinenpistole hinter ihm hergeht, die Türe bleibt offen, die Frau steht wie versteint, plötzlich hört man, wie jemand die Treppe hinunter rennt.

Halt! Stehen bleiben! Halt! Halt! Oder ich schieße –

Man hört Weiterrennen die Treppe hinunter.

Halt!

FRAU Wolfgang?

Man hört eine kurze Salve und Stille.

Alles wie zu Anfang des Stückes: Arbeitszimmer in der Villa des Staatsanwalts. Nacht. Auf dem Schreibtisch brennt eine Arbeitslampe. Der Staatsanwalt steht reglos, allein. Einziger Unterschied: er trägt die Schlammstiefel wie in der Kanalisation. Eine Turmuhr schlägt.

STAATSANWALT Ich weiß, was du sagen wirst. Schweig! Ich soll zu einem Arzt gehen, ich sei krank. Ich soll Ferien machen. Ich bin nicht mehr jung, morgen werde ich wie gerädert sein. Ich soll Ferien machen, ich soll ein Pulver nehmen. Und daß es so nicht weitergeht. Das finden auch alle meine Freunde, nicht wahr, lieber Hahn? *Er lacht.*
Nicht wahr, lieber Hahn?
Stille
Sonst noch etwas? Ich sehe, die Herrschaften stehen im Pyjama und frieren . . .
Stille
Was die Beschlagnahmung betrifft: es handelt sich um zwei oder drei Tage, bis Ruhe und Ordnung wieder hergestellt sind. Daß meine Leute ausgerechnet diese Villa beschlagnahmt haben, ist ein Versehen, das mir peinlich ist.
Er sieht und nimmt das Bildnis von sich selbst: – ich vertrage keine Bildnisse, Madame, Sie gestatten!
Er wirft das Bildnis in den Kamin.
Meldungen betreffend Schadenersatz, die unterzeichnet sein müssen von mindestens zwei Personen mit tadellosem Leumund, sind zu richten an das zuständige Amt.
Stille
Sonst noch etwas? Ich bedaure, lieber Hahn, daß Sie heute nacht, da ich den Besuch unsres Staatsoberhauptes erwarte, nicht mit meiner Frau hier schlafen können –

Er ruft: Wache!
Er setzt sich an den Schreibtisch.
– diese Dame und dieser Herr sind verhaftet. Ich möchte ihre Gesichter nicht wiedersehen. Sie bürgen für menschliche Behandlung! Die beiden sind unschuldig. Wir haben einander nichts zu sagen.
Stille
Erwachen! – jetzt: rasch – jetzt: erwachen, erwachen – erwachen ...
Eintritt Hilde, Holz unter dem Arm, barfuß und lautlos.
Lang lebe der Graf! Sie wollen mich irrsinnig machen. Lang lebe der Graf, lang lebe der Graf!
Hilde läßt ein Scheit fallen.
Wer bist du?
HILDE Hilde.
STAATSANWALT Hilde?
HILDE Habe ich Herrn Staatsanwalt erschreckt?
STAATSANWALT Gott sei Dank ...
HILDE Herr Staatsanwalt haben geklingelt. Vielleicht soll ich Feuer machen. Herr Staatsanwalt verzeihen mein offenes Haar, ich komme aus dem Bett.
Der Staatsanwalt lacht.
Was lachen Herr Staatsanwalt so?
Der Staatsanwalt schweigt.
Ich will Feuer machen.
STAATSANWALT Gott sei Dank, Gott sei Dank ...
HILDE Warum starren Herr Staatsanwalt so?
STAATSANWALT Gott sei Dank, daß du lebst!
Hilde kniet vor dem Kamin.
War jemand in diesem Zimmer?
HILDE Ich weiß es nicht.
STAATSANWALT Meine Frau?
Er erhebt sich und geht zur Türe, um nachzusehen.
Ich habe geträumt.
Er steht und sieht sich um.

Ich habe alles geträumt, dabei habe ich die ganze Zeit ge-
wußt, es ist ein Traum, die ganze Zeit . . .
*Er setzt sich wieder an den Schreibtisch und kehrt zur
Tagesordnung zurück, indem er etwas sucht.*
Das Feuer, ja, unser Feuer ist schon wieder ausgegangen.
Wie spät ist es denn? Ich verstehe nicht. Weißt du's Hilde,
wo ich alle meine Akten hingelegt habe?
Hilde dreht sich um und sieht ihn an.
Schneit es noch immer so?
Er sucht ohne besondere Aufregung.
Ich verstehe nicht.
Er besinnt sich. – Ich habe geschrien, glaube ich, daran bin
ich erwacht, plötzlich habe ich etwas geschrien . . .
HILDE Jetzt brennt's.
STAATSANWALT Was habe ich denn geschrien?
HILDE »Wache!«
Der Staatsanwalt lacht.
Herr Staatsanwalt, warum wird in der Stadt geschossen
die ganze Nacht?
STAATSANWALT Geschossen?
HILDE Die ganze Nacht.
Feuerschein
Jetzt brennt's!
STAATSANWALT – wie bei den Köhlern im Wald, als dein
Graf Öderland kam. Daß man tanzen möchte dazu! Die
ganze Nacht. Hoch lebe der Graf!
Er lacht.
Hoch lebe der Graf! und da sagte die Fee, als die Köhler
erschraken, denn es brannten ihre eigenen Hütten, es brann-
ten die Dörfer und Städte . . .
HILDE Herr Staatsanwalt machen sich lustig über mich.
STAATSANWALT Was sagte da die Fee?
Hilde erhebt sich.
Bleib!
Kurze Schießerei in der Ferne.

Das ist das letzte, woran ich mich wirklich erinnere: Du hast schon einmal Feuer gemacht in dieser Nacht. Ich war so müde. Du hast ausgesehen wie eine Fee. Ich war so wach, und du hast eine Geschichte erzählt, Kind, eine wüste Geschichte ...

Er findet die Zigarrenschachtel.

Wer hat denn meine Zigarren geraucht? Ich verstehe nicht. Weißt du's, Hilde, wer alle meine Zigarren geraucht hat?

HILDE Herr Doktor Hahn, glaube ich.

STAATSANWALT Wann denn?

HILDE Eine nach der andern.

STAATSANWALT Hm.

Er wirft die leere Schachtel ins Kaminfeuer.

Ich habe mir eingebildet, es sei noch eine halbe Schachtel voll.

Stille

Sag etwas!

Kurze Schießerei in der Ferne.

Sag etwas!

HILDE Ich hab Angst.

STAATSANWALT Hast du auch davon geträumt?

Kurze Schießerei in der Ferne.

Es war scheußlich.

Er sieht sie an.

Dein Haar war lichterloh. Wie jetzt. Dann war es Schlamm und grau wie alles. Und deine Hand war kalt und krank. Und deine Lippen: kalt und hart wie Stein. Und blau. Ich ließ dich liegen tief unten, ich wollte heraus, ich wollte leben ...

HILDE Ich weiß nicht, wovon Herr Staatsanwalt reden.

STAATSANWALT – ich habe geträumt, Kind, von dir.

Er lacht.

Von dir und deinem Graf!

Er lacht.

Ich war dein Graf – ich, der keine Fessel kennt, und niemand kann mich halten, Graf Öderland mit der Axt in der Hand, und wenn sie meinen Namen hören, verstummen sie mit offenem Mund, es gefriert ihnen das Blut in den Adern: Ich gehe durch ihre Mauern, als wären sie aus Nebel, und wo ich hinkomme, da stürzt ihre Ordnung zusammen wie ein Kartenhaus – und ich bin frei ... frei ...

Stille

Sag etwas!

Die Turmuhr schlägt.

Vier Uhr?

Stille

Sag etwas!

HILDE Wotan, unser Hund, ist gestorben. Ich kann nichts dafür. Er hat nichts fressen wollen, weil Herr Staatsanwalt fortgegangen sind so lang. Ich habe ihm warme Milch gemacht, aber auch das hat er nicht genommen.

Der Staatsanwalt ist taub.

Wir haben ihn im Garten begraben.

Der Staatsanwalt lacht.

Herr Staatsanwalt glauben mir nie.

STAATSANWALT – plötzlich habe ich eine Axt in der Hand. Das kommt davon, Kind, wenn man solche Märchen erzählt! – und es liegen drei grüne Landjäger im Schnee, da hast du geholfen mit Händen und Füßen, wir haben sie mit Schnee verdeckt ...

HILDE Davon stand in der Zeitung.

Der Staatsanwalt lacht.

Alle haben geredet davon.

STAATSANWALT Hoch lebe der Graf! haben alle gerufen ...

Kurze Schießerei in der Ferne.

Ich habe geträumt eine unsinnige Welt.

Lange Schießerei in der Ferne.

Geh schlafen!

Er tritt zu Hilde und streicht ihr über das Haar.

Wir haben beide geträumt. Schau nicht so verstört! Auch deine Geschichte mit dem Hund hast du geträumt.

Hilde schüttelt den Kopf.

Ich danke fürs Feuer.

Es klopft.

HILDE Soll ich Herrn Staatsanwalt nicht diese schlammigen Stiefel ausziehen?

Es klopft.

STAATSANWALT Wie kommen diese Stiefel an meine Füße? Das ist nicht wahr. Wieso diese Stiefel! Ich bin wach. Was will man von mir? Ich bin wach! sage ich –

Eintritt der Sträfling mit der Maschinenpistole.

Wer sind Sie?

Der Sträfling salutiert.

Was soll das?

STRÄFLING Lang lebe der Graf!

STAATSANWALT Wie kommen Sie hieher? Ich verstehe nicht. Was wollen Sie mit dieser Maschinenpistole? Ich frage, wer Sie sind.

STRÄFLING Nachtigall.

STAATSANWALT Wie bitte?

STRÄFLING Nachtigall.

Der Staatsanwalt ist sprachlos.

Exzellenz sind mit der Unterkunft nicht zufrieden. Es handelt sich um ein oder zwei Tage, bis die Residenz bezogen werden kann. Wir haben in der Eile nichts Besseres finden können. Mit dem Stacheldrahtverhau sind wir in einer Viertelstunde fertig. Das Haus, falls Exzellenz es nicht bemerkt haben wegen der Nacht, liegt in einem Park. Wir dachten, Exzellenz wünschen etwas in ruhiger Lage. Schreibtisch und Telefon, alles ist da, Dienstmädchen auch, Schlafzimmer mit Bad nebenan, alles tiptop, Villa eines Staatsanwalts! heißt es.

STAATSANWALT Sonst noch etwas?

Der Sträfling salutiert.

Sonst noch etwas?

STRÄFLING Lang lebe der Graf!

STAATSANWALT Das sagten Sie schon.

STRÄFLING Der Staatspräsident möchte Sie sprechen.

STAATSANWALT Wer?

STRÄFLING Der Staatspräsident.

Der Sträfling salutiert und geht.

STAATSANWALT Das ist doch ein Spuk!

Hilde entfernt sich.

Hilde –

Eintritt ein hochwürdiger Greis, zart.

Herr Staatspräsident?

PRÄSIDENT Wir haben keine Zeit, Herr Doktor, für Worte persönlicher Anteilnahme, daß wir einander in dieser nächtlichen Stunde bemühen müssen. Fast alle Regierungen dieses Landes sind, soweit ich als Achtzigjähriger mich entsinne, in der Nacht gebildet worden.

Er setzt sich und wartet, bis auch der Staatsanwalt sich setzt.

Als Exzellenz, wie es Brauch ist, werde ich Sie ansprechen, sobald ich von Ihnen habe erfahren dürfen, daß Sie bereit sind, Herr Doktor, die neue Regierung zu bilden.

STAATSANWALT Ich –?

PRÄSIDENT Die Frage, welche Versprechungen zuhanden des Volkes sowie zuhanden des Auslands in Ihrer ersten Botschaft ausgedrückt oder angedeutet sein sollen, um die Machtübernahme als sinnvoll und für die Unbetroffenen als beruhigend erscheinen zu lassen, ist nicht der Gegenstand unsrer Besprechung, die kurz sein wird.

STAATSANWALT Ich habe keine Botschaft!

PRÄSIDENT Es gibt eine Reihe von Wörtern, von großen Versprechungen, die nie erfüllt worden sind und sich daher immer wieder eignen, um eine Machtübernahme als Fortschritt erscheinen zu lassen, Herr Doktor.

STAATSANWALT Ich will nicht die Macht!

Der Präsident lächelt.

Ich möchte leben!

PRÄSIDENT Die Frage, die ich an Sie zu richten habe, ist kurz und einfach: Sind Sie bereit, Herr Doktor, nach allem was geschehen ist –

STAATSANWALT Was ist geschehen?

Der Präsident lächelt.

Das alles ist doch ein Spuk! sage ich! –

PRÄSIDENT Leider nicht.

STAATSANWALT Man hat mich geträumt!

PRÄSIDENT – sind Sie bereit, Herr Doktor, als Mörder gerichtet zu werden, oder ziehen Sie es vor, um Ruhe und Ordnung wieder herzustellen, die Regierung zu bilden?

Lange Schießerei in der Ferne.

Ich erwarte Ihre Antwort.

Eintritt der Sträfling mit der Maschinenpistole.

STRÄFLING Unser Stacheldrahtverhau ist fertig.

Der Sträfling salutiert und geht.

PRÄSIDENT Wer, um frei zu sein, die Macht stürzt, übernimmt das Gegenteil der Freiheit, die Macht, und ich verstehe Ihren persönlichen Schreck vollauf.

Eintritt Coco.

COCO Die Residenz ist bereit.

Es öffnet sich die hintere Zimmerwand wie eine einzige Türe, deren Innenseiten natürlich vergoldet sind; ein Teppich rollt ins Zimmer herein, blutrot, und man sieht das Spalier der Residenz-Garde in irgendeiner historischen Uniform, opernhaft.

PRÄSIDENT Exzellenz?

STAATSANWALT Man hat mich geträumt . . .

Der Präsident erhebt sich.

Erwachen – jetzt: rasch – jetzt: erwachen – erwachen – erwachen! . . .

Der Staatsanwalt bleibt sitzen unter den Klängen der Musik.

Max Frisch im Suhrkamp Verlag
Eine Auswahl

Skizze eines Unglücks. Erzählungen aus dem Tagebuch 1966-1971. it 2391. 101 Seiten

Uwe Johnson, Max Frisch. Skizze eines Unglücks. Skizze eines Verunglückten. Mit einem Nachwort von Norbert Mecklenburg. BS 1433. 133 Seiten

Stich-Worte. Ausgesucht von Uwe Johnson. st 2728. 254 Seiten

Stiller. Roman. st 105. 448 Seiten

Tagebuch. 1946-1949. st 1148. 415 Seiten
Tagebuch. 1966-1971. st 256. 448 Seiten

Tryptichon. Drei szenische Bilder. 114 Seiten. Broschur. st 2261. 140 Seiten

»Wie Sie mir auf den Leib rücken!« – Interviews und Gespräche. Gebunden. 237 Seiten

Wilhelm Tell für die Schule. Mit alten Illustrationen. st 2. 140 Seiten

Zürich-Transit. Skizze eines Films. st 2251. 77 Seiten

Briefwechsel

Max Frisch/Uwe Johnson. Ein Briefwechsel. Herausgegeben von Eberhard Fahlke. Gebunden. 431 Seiten

NF 302 / 3 / 02.19